Friedrich-Wilhelm Haack

Die neuen Jugendreligionen

19. auf den neuesten Stand gebrachte Auflage, 126.—133. Tausend
September 1979
Verlag: Evangelischer Presseverband für Bayern, 8000 München 19
Abteilung: Schriftenmission

Druck: Claudius Verlag München

ISBN 3-583-50613-8

INHALT

Weitere Materialien zum Thema Jugendreligionen:

Beleg-Materialien und weiterführende Überlegungen finden sich in „die neuen jugendreligionen — teil 2“.

Ein Band „Ratschläge — Was können Betroffene und Verantwortliche tun?“ soll Hilfe für Seelsorgefälle sowie vorbeugende Überlegungen geben.

Für den Unterricht bzw. für die Erwachsenenbildungsarbeit hält der Evang. Presseverband Demonstrationsfolien für Tageslichtprojektoren sowie eine Dia-Serie bereit.

Umfassende Information, vor allem für die Hand von Verantwortlichen in der Jugendunterweisung, bietet das Buch „Jugendreligionen — Ursachen, Trends, Reaktionen“, in dem der Autor die Erkenntnisse aus langjähriger Arbeit vorlegt.

Vorwort zur 17. Auflage

Ende 1974 griff die vorgelegte Schrift das Problem der neuen Jugendreligionen auf. In dieser Schrift wurde auch zum ersten Mal der Begriff verwendet. Das erste Kapitel stellte diesen neuen Begriff vor und die dort gegebene Begriffs-Beschreibung dürfte auch heute noch die zutreffendste sein. Inzwischen ist das Wort „Jugendreligionen" in den allgemeinen Sprachschatz eingegangen.

Es hat sich gezeigt, daß die neuen Jugendreligionen keine Eintagserscheinung waren. Gerichte und Behörden, Kirchen, Ärzte und Psychotherapeuten mußten sich mit dieser neuen religiösen Erscheinung auseinandersetzen. Vor allem aber wurden Familien durch den Eintritt eines der Ihren zur Auseinandersetzung genötigt. Daß es einen zweiten Band zu dieser Schrift, daß es Folien für die Unterrichtsarbeit, einen Band „Ratschläge" und ein besonderes Heft für junge Leute zum Thema gibt, ist Folge der in großer Zahl eingehenden Anfragen und Bitten um Beratung. Es hat sich auch die Notwendigkeit ergeben, daß über die einzelnen Gruppen mehr Informationen gewünscht wurden. Darum sind in der Münchener Reihe spezielle Hefte zu besonderen Gruppierungen erschienen.

Heutzutage gibt es eine große Zahl von informierenden Veröffentlichungen, von Büchern, Aufsätzen und Zeitungsartikeln zum Thema Jugendreligionen. Im Nicol-Verlag erschien eine Schrift „Moderne Jugendreligionen", deren Verfasser der Leiter der Evangelischen Zentralstelle für Weltanschauungsfragen, Pfarrer H. Aichelin, ist. Umfangreichere Buchpublikationen werden im Laufe des nächsten Jahres erscheinen.

Es gab alarmierende Nachrichten aus dem Bereich der Jugendreligionen; wenn beispielsweise in kurzer Zeitabfolge vier junge Angehörige der „Ananda-Marga"-Bewegung sich durch nahezu gleich motivierte Selbstverbrennungen töteten.

Oder wenn ein Angehöriger der Vereinigungskirche einen Selbstmordversuch und nachfolgenden Selbstmord mit Hinweis auf ein Wort des Gründers und Leiters Mun motivierte.

In einigen Fällen mußten die Justizbehörden eingreifen. Doch bleibt jedesmal das ungute Gefühl, daß einerseits die Betroffenen sich als Märtyrer verstehen, daß sie anderseits „doppelt Betrogene" sind. Sind sie zuerst durch die Gruppe und ihre Anforderungen um Ausbildung und Zukunft gebracht, so sind sie danach die Bestraften, wenn nicht dem folgend später „Vorbestraften". Die Führer trifft es fast nie. Ihnen dürfte eine Geldstrafe wenig Pein bereiten.

Und wenn je einmal einer inhaftiert wird, dann setzen seine Anhänger ihr Leben für seine Freiheit ein, wie u. a. die angesprochenen Selbstverbrennungen zeigen.
Inzwischen haben die Jugendreligionen auch mit der Gegen-Arbeit begonnen. Kritik wird als „Religionsverfolgung“ angeprangert. Es gab sogar Versuche, sich mit dem Hinweis auf den Status als Religionsgemeinschaft juristischen Schwierigkeiten zu entziehen.
Sie haben auch gelernt, gegenüber der Kritik zusammenzuarbeiten. Gegenseitig bestätigt man sich Positives. So heißt es in einer Schrift einer „Gesellschaft für religiöse Toleranz ...“, die im Umkreis der Scientology anzusiedeln ist, über Mun: „Als väterlicher Freund ruft er zu gegenseitiger Achtung und guter Herzenseinstellung gegenüber anderen Menschen auf.“ Nicht selten werden Gutachten eingesetzt, die in Wirklichkeit Werbeschreiben von Anhängern oder lediglich Behördendankbriefe für zugeschicktes Material sind.
Am besten zahlt es sich für die Jugendreligionen aus, wenn wohlmeinende Nichtmitglieder als Verteidiger der angeblich angegriffenen Religionsfreiheit oder „machtloser und bedrängter nonkonformistischer Minderheiten“ eingesetzt werden können.
In der der Okkultszene zuzuweisenden aber weit verbreiteten Zeitschrift „Esotera — Die Wunderwelt an den Grenzen unseres Wissens“ wird die Kritik an den Jugendreligionen als „Hetze gegen Minderheiten“ klassifiziert (11/78), und in einer anderen Zeitschrift weist ein Artikel darauf hin, daß nonkonformistische Gruppierungen in der Gesellschaft doch Achtung verdienten, ohne daß darauf hingewiesen wird, daß die nonkonformistischen Gruppen sich an den von ihnen vertretenen Zielen und ihren Praktiken messen lassen müssen. Der Artikel, in dem die Jugendreligionen nicht expressis verbis erwähnt werden, zeigt die Nähe der Argumentation zur scientologischen Verteidigung „nonkonformistischer und zu Unrecht angegriffener Minderheiten“. Der Autor ist Scientologe (was die Redaktion nicht gewußt hatte).
Kritik als „Hetze“, Jugendreligionen als wohlmeinend nonkonformistische Minderheiten, das ist die Gegenstrategie der Jugendreligionen, allen voran Scientology.
Reimar Lenz: „Getauft hat sie ein lutherischer Pfarrer, getauft auf den Namen ‚Jugendreligionen‘. ... Nun, die Namensgebung entsprang nicht sauberer definitorischer Absicht, sondern das Taufwasser war parfümiert. ‚Jugendreligionen‘, das ist zu einem Begriff mit Beigeschmack geworden: da liegt der Gedanke an Jugendverführung in der Luft. Die Öffentlichkeit nimmt nur noch eine

Wolke wahr: Gestank und Gerücht" und „Der Begriff ‚Jugendreligionen' faßt nicht, was er packen möchte. Er meint jugendgefährdende, jugendverführende, jugendverderbende Organisationen, aber er sagt es nicht, sondern hält sich als Merkmal der Religiosität." (Esotera 11/78)

Sehr leicht wird bei dieser emotionalen Verteidigung übersehen, daß es das Verhalten der hier als Jugendreligionen beschriebenen Gruppen gewesen ist, das die Kritik auslöste. Der Begriff „Jugendreligionen" zeigt zuerst einmal nur einen religionsphänomenologischen Tatbestand auf. Andernorts wird von „Jugend-Sekten", in den USA sogar häufig von „destructive cults" gesprochen.

Daß der Begriff Jugendreligionen vielfach zum Negativbegriff geworden ist, liegt an den Gruppen selbst. Sie können durch verändertes Verhalten ja ein verändertes Image bewirken.

Wieweit außerdeutsche Kirchen in diesen Bewegungen eine Gefahr sehen, zeigt eine Notiz aus dem Pressedienst des Lutherischen Weltbundes (43/78) in Genf. Der Bischof von Kopenhagen, so heißt es dort, verlautbarte: „daß Mitglieder der sogenannten ‚Scientology-Kirche' und Personen, die die Transzendentale Meditation praktizieren, nicht Mitglieder von kirchlichen Gemeinderäten oder Pastoren der Dänischen Evangelisch-Lutherischen Volkskirche sein können".

Vorwort zur 19. Auflage

In neuester Zeit versuchen die Gruppierungen sich in zwei Bereichen besonders zu engagieren: Im Bereich der Gesundheitsvorsorge und im Bereich der Erziehung.

Sie treten als „Therapien" oder „Streßlösungs"-, „Rehabilitations"- oder als regelrechte „Gesundheitsprogramme" auf.

Eine größere Gefahr stellt für Jugendliche die Ansiedlung auf dem Schulsektor und in der Pädagogik dar. Wenn eine der Gruppen ihren Gründer (ohne jede Verankerung in der Realität) als „großen Pädagogen" ausgibt und die nur notdürftig kaschierten Programme als Kurse für Schüler und Pädagogen verkauft, ohne die wirklichen Zusammenhänge offen zu legen, dann muß dies als eine wirkliche Gefahr gewertet werden.

Der Trend, sich in Tarnorganisationen zu betätigen nimmt in dem Maße zu, in dem die Praktiken der Jugendreligionen öffentliche Kritik finden.

Wachsamkeit ist geboten.

Die neuen Jugendreligionen

In diesem Heft werden fünf religiöse Gemeinschaften vorgestellt und untersucht. Sie haben miteinander gemeinsam, daß ihre Anhängerschaft sich hauptsächlich aus 18- bis 26jährigen rekrutiert. Es gibt jedoch auch wesentlich jüngere Gruppenmitglieder (ab 15 Jahren), die aber eine Einverständniserklärung ihrer Eltern benötigen. Alle fünf Gruppierungen sind gegen Ende der 60er oder Anfang der 70er Jahre in Mitteleuropa aufgetaucht und haben begonnen, Anhänger zu werben. Sie haben alle in irgendeiner Form die öffentliche Aufmerksamkeit erregt und sind trotz unterschiedlichster Herkunft, trotz stark voneinander abweichender Einzellehren miteinander verwandt. Sie sind alle Nutznießer ein und derselben Situation, sind in ihren Ansprüchen fast gleich und sind alle gleichermaßen ausgerichtet. Sie wollen in kurzer Zeit hier auf dem Planeten Erde ohne kosmische Katastrophe ein „Himmelreich" nach eigener Vorstellung errichten, und sie alle sind der Ansicht, daß allein ihr „Weg" bzw. ihre Lehre, besser noch: ihr Gründer das Rezept zur Rettung vor dem totalen Chaos darstellt bzw. hat.

Im wesentlichen wenden sie sich an den gleichen Personenkreis: an die geistig beweglicheren und interessierten Jugendlichen des Mittelstandes. Daß Altersgrenze und soziologischer Rahmen überschritten werden, liegt auf der Hand.

Es ist aber auffallend, daß von diesen Gruppen besonders Jugendliche im Alter zwischen 14 und 25 Jahren angesprochen werden und ihnen Gefolgschaft leisten. Die Volljährigkeitsgrenze setzt dem Wirken dieser Gruppen allerdings dort eine Schranke, wo Eltern informiert und anderer Ansicht sind. Natürlich gibt es auch den über 30jährigen, der sich trotz seines Alters nahtlos in eine solche Gruppierung einfügt.

Beschränkungen auf bestimmte Altersgruppen sind weder von den Gründern noch von den Missionaren der Bewegung vorgeschrieben worden. Sie haben sich aus der religiösen und gesellschaftlichen Lage ergeben. Die Gruppen können jedoch vor allem auf den altersgemäßen jugendlichen Elan zurückgreifen, der „alle alten Fehler vermeiden und jetzt alles neu und gut machen" will. Nicht selten werben diese Gruppen auch mit ihrer „jungen Mannschaft" oder der jugendlichen Vitalität ihrer Bewegung.

Diese fünf Gruppierungen sind:

* Die „Internationale Gesellschaft für KRSNA-Bewußtsein e. V." (ISKCON) (englisch: International Society for KRSNA Consciousness);
* Die „Vereinigungskirche e. V." (VK) früher „Gesellschaft zur Vereinigung des Weltchristentums e. V.";
* Die „Sea-Org" (See-Organisation) der „Scientology-Kirche";
* Die „Divine Light Mission" (Mission des Göttlichen Lichtes) bzw. „Divine United Organizations";
* Die „Familie der Liebe" (zuvor: „Kinder Gottes / Children of God").

Alle diese Gruppen treten als religiöse Gemeinschaften auf, müssen als solche bezeichnet werden und sind es bis auf eine ihrem Wesen nach wohl auch. Sie sind in den 70er Jahren in der Bundesrepublik ansässig geworden, scharen sich um einen als Bringer der absoluten Wahrheit verehrten Gründer, bilden strenge Lebensgemeinschaften und wirken ungeheuer anziehend auf Jugendliche, die sich zur Zeit des Kontaktes mit der Gruppe in einer schwierigen seelischen Lage befinden (Examensangst, Liebeskummer, Streit im Elternhaus, Depressivität usw.).

Alle fünf Gruppierungen haben vornehmlich in den Ländern der sogenannten westlichen Welt Boden gewonnen. Sie sind in Südafrika, Europa, den USA und Australien in Erscheinung getreten. Kaum jedoch in Zambia oder Ceylon. Sie haben alle fünf von den USA ausgehend ihre Erfolge errungen, wenn auch ihre geistigen Quellen zum Teil anderweitig zu suchen sind.

Es sollte jedoch gesehen werden, daß die beschriebenen Gruppen vermutlich Vorboten einer sich noch verstärkenden Welle von neuen Religionen sind, die sich zwar häufig nicht als solche verstehen werden wollen, die sich nicht selten als eine „neue Wissenschaft" oder Lebensmethode darstellen werden, die aber trotz alledem als neue Religionen erkannt und bedacht werden müssen. Auch wenn sie sich nach einer gewissen Anlaufphase oder mit einem besonderen Programm an Ältere wenden, werden ihre Kernmannschaften von Jugendlichen getragen sein. In Zielen und in den Grundstrukturen werden sie dem Typus der neuen Jugendreligionen entsprechen.

Da die neuen Gruppierungen dieses Typos — im Unterschied zu den herkömmlichen Sekten, wie z. B. den „Zeugen Jehovas" — die Verwirklichung ihrer Weltrettungspläne nach dem Rezept ihres

Meisters hier und jetzt durchführen wollen (ohne kosmische Katastrophe wie etwa die Zeugen Jehovas), ist mit wirtschaftlichen und politischen Durchsetzungsversuchen zu rechnen. Am deutlichsten wird dies vorerst bei der Mun-Bewegung.

Auch die „Ananda-Marga"-Bewegung des Shrii Shrii Anandamurtijii, die aus der Schweiz stammende Bewegung „Jean-Michel et son Equipe" des Jean-Michel Cravanzola und der innere Kern der „TM"-Bewegung des Maharishi Mahesh-Yogi gehören zu diesem Typ neuer Religionen.

Neuerdings wehren sich die Gruppen und ihre Fürsprecher heftig gegen den Begriff „Jugendreligion".

Sie werfen ihm vor, „diffamierend" zu wirken. Wäre es so, läge dies jedoch nicht am Begriff, sondern ausschließlich am Verhalten der Gruppen.

Kommen alle Sekten aus Amerika?

An dieser Stelle muß etwas zu dem oft behaupteten Satz „Alle Sekten kommen aus Amerika!" gesagt werden. Er stimmt weitgehend und ist doch nicht wahr. In den USA sind in der Tat unzählige von Sekten entstanden, haben alle möglichen religiösen Gemeinschaften Fuß gefaßt und Anhänger gewonnen. Das liegt jedoch nicht an einer besonderen religiösen Verrücktheit der Amerikaner.

Die Vereinigten Staaten von Nordamerika sind von religiösen Freiheitssuchern gegründet worden. Menschen, die in ihrer Heimat wegen ihres Glaubens verfolgt wurden, fanden in Nordamerika das gelobte Land zur freien Ausübung der Religion. In der amerikanischen Verfassung hat sich dieser Grundsatz der religiösen Freiheit niedergeschlagen.

Bald machte sich dies die Alte Welt zunutze. Religiöse Querulanten, Andersgläubige, Sektierer, Menschen, die sich in die traditionellen Kirchen nicht einfügen wollten, wurden außerhalb der gesellschaftlichen Ordnung gestellt und mußten auswandern. So wurden die USA eine Art „religiöser Sparkasse" Europas. Wir bekommen nun von dort mit Zinsen zurück, was wir einst eingezahlt haben.

Das Abendland mit seinen starken Traditionskirchen hatte es sich zu leicht gemacht: Verbote und Ausweisungen traten an die Stelle der religiösen Auseinandersetzung. Sie konnten diese aber niemals ersetzen.

Darüber hinaus wurde Nordamerika auch zum wirtschaftlichen

Experimentierfeld der modernen Welt. Es entstand hier zum ersten Male jener Boden, von dem die moderne religiöse Szene lebt: Die unübersehbaren Menschenanhäufungen der Superstädte. In den Millionenstädten der amerikanischen Ostküste ist der einzelne Mensch ein Nichts — im Vergleich etwa zu den kleineren Orten des Mittelwestens, wo man sich nachbarschaftlich kennt oder auch zu den Dorfgemeinschaften, die auch heute noch in Europa bestehen und funktionieren.

Die Basis für Religion ist überall eine andere. Das Leben inmitten der Natur schafft andere religiöse Bedürfnisse und bringt andere Glaubenserlebnisse mit sich, als die Existenz in Harlem oder in den Superwohnanlagen einer Großstadt.

Die neuen Jugendreligionen sind zuerst in den Straßen der Riesenstädte aufgetaucht. Sie haben dort ihre Anhänger geworben. Sie haben auf die Sorgen und Nöte eines Lebens in der Einsamkeit mitten unter Millionen von Menschen zu antworten versucht, und sie scheinen auch Antworten gefunden zu haben, die für Jugendliche in dieser Umwelt etwas bedeuten.

Auf der anderen Seite zeichnen sie sich alle durch ein besonders gekünsteltes Verhältnis zur Natur aus. Entweder sind sie gegenüber der Natur kalt wie es nur die totale Verständnislosigkeit mit sich bringen kann, oder sie sind voll schwärmerischer Romantik.

Sie sind getreue Kinder der städtischen Massengesellschaft. Ihr Erfolg bei uns zeigt, daß sich Europa auf dem gleichen Wege befindet wie die USA. Diese Sekten kommen nicht „aus" Amerika, sondern sie wachsen „in" der Welt der Ballungsräume und Wohnmaschinen — auch bei uns.

Die „Internationale Gesellschaft für KRSNA-Bewußtsein e.V." (ISKCON)

Die Krisna-Bewegung (die Anhänger selbst schreiben den Namen Krisna meist in der Form „Krsna") wurde im Sommer 1966 in New York gegründet, durch Swami Prabhupada (1895 bis 1977). Sein bürgerlicher Name lautete Abhay Charan De.

„Seine Göttliche Gnade A. C. Bhaktivedanta Swami Prabhupada", so die Verehrungsformel für den „Gründer-Acarya", „verließ 1965 Indien und landete im Safrangewand mit einem Koffer und sieben Dollars allein in New York, um das Krsna-Bewußtsein in eine Welt hineinzutragen, die nur Unpersönlichkeit und Leere kannte."

Mit dieser Feststellung zeigt die Zeitschrift die Krisna-Gemeinschaft „Back to Godhead“ (Nr. 19) sehr gut den Ansatzpunkt dieser wie aller anderen religiösen Jugendbewegungen auf: Die große Stadt, die als Ort der Leere und Verlassenheit empfunden wird. Swami Prabhupadas erste Anhänger kommen aus der Welt der jugendlichen Randsiedler dieser Großstadtgesellschaft.

„Wie so viele New Yorker in den Zwanzigern hatten wir während der vergangenen zwei oder drei Jahre Bücher über östliche Philosophie und Religion gelesen, Kerzen und Räucherstäbchen heruntergebrannt und Ganja, Peyote und LSD als Meditationshilfe genommen“, schildert einer der ersten Anhänger den Kreis, aus dem die Urzelle der Krisna-Bewegung entsteht.

Seelisch Angeschlagene werden auch später der beste Missionsboden für die Gruppe sein, den Eltern Entlaufene, Kinder aus gestörten Familien, junge Menschen, die in Schule oder Beruf Schiffbruch erlitten haben, Meditations- und Rauschgiftsüchtige. Seine Mission begann der Swami, der 1966 die ISKCON gründete, einfach damit, daß er das Mantra (Dauergebet) „Hare Krsna ...“ sang. Es lautet vollständig:

„Hare Krsna, Hare Krsna, Krsna Krsna, Hare Hare,
Hare Rama, Hare Rama, Rama Rama, Hare Hare.“

Hare, Krisna und Rama sind drei hinduistische Gottesnamen. Mit diesem Dauergebet will die Krisna-Bewegung unsere Welt „reinigen“ und „das Gottesbewußtsein in unserem materialistischen Zeitalter wiederbeleben“. Krisna wird als „der höchste persönliche Gott“ verehrt.

1968 schickte Swami Prabhupada von Montreal aus den ersten Krisna-Missionar nach Europa. Ein junger US-Wehrdienstflüchtling, der für das Studium in London 1000 Dollar erhalten hat, setzt sich und sein Geld für die Europamission ein. Samuel G. wurde 1968 unter dem Krisna-Namen „Sivananda Das brahmacari“ der erste Europamissionar der ISKCON. In England von der Einwanderungsbehörde abgewiesen, ging er nach Amsterdam, wurde aber von Prabhupada nach Deutschland beordert. Hier faßt die Bewegung in einigen Universitätsstädten Fuß: Berlin, Hamburg, Heidelberg, München usw. Schließlich mietete sie im Sommer 1974 das Schloß Rettershof im Taunus als „erste deutsche Schule für vedische Kultur und Philosophie“. Zu ihrer Eröffnung erschien der damals 79jährige Swami persönlich.

In den USA und Europa hat die Bewegung wohl nie 5000, in Deutschland nie 200 Anhänger auf einmal gehabt. Von den ersten

Anhängern sind nur noch wenige bei der Krisna-Gesellschaft. Trotzdem haben die sogenannten Prabhus (Krisna-Anhänger) in kürzester Zeit beinahe soviel Aufsehen erregt, wie altgediente Sekten in Jahrzehnten. Es hat dramatische Familienszenen gegeben. Einer der deutschen Krisna-Anhänger ist in Indien gestorben. Es wurden Krisna-Festivals abgehalten und immer wieder Schriftenverkaufs-Reisen bis auf kleinere Dörfer hinaus unternommen.
Im Januar 1974 veranstaltete die Polizei eine Durchsuchung in der ISKCON-Zentrale Schloß Rettershof. Anlaß war der Vorwurf der Kindesentführung. Es wurden Waffen gefunden und in einem langdauernden Prozeß (LG Frankfurt 70 Js 476/74) wurden führende Prabhus zu erheblichen Geldstrafen verurteilt, gesammelte Gelder wurden eingezogen. Eine Einsprache der ISKCON bzw. der Verurteilten gegen das Urteil läuft noch.
Von der ISKCON wurden demgegenüber Staat und Kirche als die „wahren Betrüger" bezeichnet.
Im November 1977 ist Swami Prabhupada in Indien verstorben. Nach Prabhupadas Tod leiten elf „Successor Gurus" die ISKCON. Sie alle führen den Titel „Seine Heiligkeit".

Wie leben die Krisna-Anhänger?

Wer in die „Internationale Gesellschaft für KRSNA-Bewußtsein e. V." eintritt, ändert sein Leben radikal. Er verläßt sein Elternhaus, seinen Beruf, seine Schule, seinen Freundeskreis und erhält statt seines bisherigen einen Krisna-Namen. Etwa Hansadutta, Suchandra Das adhicari, Himavati, Hari Priya usw. Dieser neue Namen soll die völlige Zugehörigkeit zum Krisna-Bewußtsein zeigen.
Absoluter *Vegetarismus* gehört zu den Grundgeboten. Es dürfen auch keine Eier oder mit Eiern zubereitete Speisen genossen werden. Also kein Kuchen, keine Nudeln, überhaupt nichts, das mit tierischem Eiweiß hergestellt worden ist. Dieser Ernährungsradikalismus ist ungesund, zumal er von einem Tag auf den anderen eingeführt wird, wenn jemand sich der Krisna-Gemeinschaft zuwendet. Es wird viel Süßes gegessen. „Krisna liebt Süßes." Die Anhänger leben ohne jeden eigenen Besitz in Unterkünften, von denen ein Raum als „Tempel" dient. Sie sind spärlich möbliert. Männer und Frauen leben in getrennten Bereichen, Verheiratete können in einem gemeinsamen Raum wohnen, wenn er vorhanden ist.
Der Tageslauf besteht aus ständigem „Chanten" und „Samkirtan". Unter „Chanten" verstehen die Krisna-Leute das immer und im-

mer wieder vollzogene Absingen des „Hare Krisna"-Verses. Mindestens 1728mal täglich soll jeder Krisna-Geweihte diesen Vers aufsagen. Er soll sich dafür einen Rosenkranz mit 108 Perlen anfertigen und ihn mindestens 16mal pro Tag laut absingen. (Der Rosenkranz hat noch eine weitere sogenannte „Hauptperle", auf der aber nicht gechantet wird.) Schon gleich nach dem Aufstehen, gegen vier Uhr früh, wird die „erste Runde" gechantet: 108mal „Hare Krsna, Hare Krsna, Krsna Krsna, Hare Hare . . ."

Unter *Samkirtan* verstehen die Jüngerinnen und Jünger des Swami Prabhupada das öffentliche Tanzen und Singen zu Werbe- und Geldsammelzwecken. Wegen ordnungsrechtlicher Kontrollen arbeiten die „Spenden"-Verkaufs-Werber neuerdings oft mit Perücken und in unauffälliger Kleidung. Nicht selten nimmt gerade das Anbieten von Schriften und Schallplatten den größten Zeitraum ein. Es gibt regelrechte Schulungen, wie man die „Karmis" (das sind die Außenstehenden bzw. Nichtmitglieder) zu Spenden bewegt. Die durchschnittlichen Sammelergebnisse eines Krisna-Tänzers lagen in Deutschland z. T. pro Tag bei 500 bis 600 DM, an besonderen Orten und zu bestimmten Zeiten überstiegen sie 1000 DM.

Vielleicht war es das exotische und dabei etwas bedürftig wirkende Auftreten der jungen Leute, das die Herzen und Hände der Passanten öffnete. Vielleicht spielte auch das Gefühl mit, man „sollte doch einmal wieder etwas Gutes tun". Manchmal wird jedoch die oft drängerische Bitte um Geld Angesprochene bewegen, sich „freizukaufen". Es geht nicht darum, den jungen Leuten dieses Einkommen zu neiden. Sie geben alles ab und überwiesen zeitweilig von Deutschland aus fast 1 000 000 DM monatlich an die Zentrale, wie ein Reporter der Illustrierten „Stern" im Juli 1974 herausgefunden hatte. Für die jungen Leute ist der immer fließende Geldstrom eine religiöse Bestätigung für die Richtigkeit ihres Tuns. „Krisna segnet uns, Sie sehen es doch."

Eine Mutter, deren Sohn lange Zeit Mitglied der Krisna-Gesellschaft gewesen ist, und die selber in einem ihrer Tempel gelebt und „den armen jungen Leuten" geholfen hat, schrieb folgenden Brief:

> „Ich habe die Krisnaleute des öfteren auf der Straße begleitet und festgestellt, daß die meisten Menschen, ohne die Hintergründe zu kennen, diesen arm aussehenden Mönchen zum Teil sehr viel Geld geben. Ein Krisnamönch nimmt bis zu 500 DM an einem Tag ein. Das Geld muß alles an den Präsidenten (Krisnaboß) abgeliefert werden. Die Mönche bekommen nur ein ärmliches Essen und kaum etwas zum Anziehen.

Diese jungen Menschen kommen alle aus großer Enttäuschung oder irgendeiner Verzweiflung zu dieser Sekte und glauben, in dieser Gemeinschaft alle Probleme gelöst zu haben. Leider kommen die meisten Jugendlichen erst zur Besinnung, wenn es zu spät ist.

Die Erfahrung, die ich mit den Krisna-Angehörigen gemacht habe, die wieder in die Freiheit gekommen sind, ist furchtbar.

Sie sind weltfremd und durch das Leben im Tempel, das ja fast alles verbietet, hilflos geworden wie ein kleines Kind. Durch eigene Erfahrung weiß ich, daß ein Jugendlicher, wenn er wieder herauskommt aus dem Tempel, mindestens so viel Hilfe braucht wie einer, der süchtig ist.

Darum bitte ich alle Menschen, die den Krisnaleuten begegnen, kein Geld mehr zu geben. Diese Jugendlichen müssen dann einer Arbeit nachgehen und würden beim Verlassen des Krisna-Tempels nicht so hilflos dastehen. Wenn es Ihnen möglich ist, in diesem Sinne sich für die Angehörigen der Krisnajugendlichen zu verwenden, glaube ich, daß Sie damit nicht nur uns Angehörigen, sondern hauptsächlich den armen jungen Menschen im Tempel helfen können ..."

Dies schreibt eine einfache Frau, die durch den Eintritt ihres Ältesten in die Krisna-Gesellschaft viel Sorgen erleben mußte und die doch noch die Kraft gefunden hat, sich für junge Menschen einzusetzen. Einigen hat sie durch persönliche und materielle Unterstützung geholfen, die Krisna-Gesellschaft zu verlassen. Ihr Brief ist vor allem deshalb so wichtig, weil er auf ein besonderes Problem weist: in vielen Fällen sind die Angehörigen der modernen Jugendreligionen „draußen" lebensuntüchtig geworden. Bei der Krisna-Gesellschaft ist dies in besonderem Maße der Fall. Ulfert M., ein ehemaliges Mitglied der ISKCON, geriet gerade durch die Geldfrage in einen seelischen Zwiespalt:

„Als ich ohne Vorkenntnisse im Tempel mit der ‚Buchführung' beauftragt wurde, wurden bei mir schwere Zweifel wach. Die Summen, die jede Woche von den fahrenden Sammeltrupps, aus dem Schriftenverkauf, durch andere Handelsgeschäfte und durch Barspenden hereinkamen, waren immens. ...

Dann gab es ständige Überweisungen nach den USA, es wurden neue Werbeschriften für dieses Geld gedruckt und der Swami Prabhupada bekam wertvolle Geschenke. ...

Die hungernden Kinder in Indien bekamen keine müde Mark davon" (Brief vom Januar 1975).

Derzeitige Haupterwerbsquelle scheint der Schriftenverkauf „auf Spendenbasis" zu sein. Dabei wird auch mit der zweifelhaften Methode gearbeitet, jemandem zu drohen, er „bestehle Gott" und werde „schon sehen was solchen passiert", wenn er die anscheinend gratis angebotene Schrift auch ohne Gegengabe behalten will. Auch wird mit Unwahrheiten gearbeitet wie dieser: „Ab morgen kostet das Buch im Buchhandel viel mehr. Nur heute können Sie es noch so billig haben."
Die Lebenshaltung eines ISKCON-Mitgliedes ist streng geregelt. Verbote gelten bezüglich Fleisch und Eiergenuß — auch für Kinder — sowie Tabak, Tee, Kaffee, Alkohol. „Unnötige Spiele" und sportliche Betätigung sind verpönt. Jede Art von „Energieverschwendung" außer im Dienst für Krisna ist untersagt. Dieser Hinweis bezieht sich auch auf die Sexualität.

Sexualität

Sexualität gehört für die Krisna-Anhänger zu den „vier Prinzipien des Daseins: Essen, Schlafen, Sexualität, Verteidigung". Einen hohen Rang nimmt sie trotzdem nicht ein.
„Wie wir die Elektrizität kontrollieren, indem wir das Licht je nach Bedarf aus- und einschalten, so kann auch alles im Dienste Krisnas benutzt werden — auch die Sexualität" lehrt Hansadutta, einer der Nachfolger des Swami Prabhupada: „Zweck der Ehe ist es, gute Kinder zu zeugen ... Das ganze System der Ehe besteht darin, Sexualität so weit wie möglich zu vermeiden" (Back to Godhead, Nr. 20). Nur einmal monatlich, wenn die Zeit für die Empfängnis am günstigsten ist, ist den Ehepaaren der Verkehr erlaubt. Vom Zeitpunkt der Empfängnis an bis zum 6. Monat nach der Geburt eines Kindes ist er gänzlich untersagt. Dies soll hier ganz deutlich herausgestellt werden, weil das Leben in religiösen Kommunen nicht selten unter der Verdächtigung durch Außenstehende leidet, die solchen Gruppen orgiastische Ausschweifungen nachsagen.
Krisna verehrende Jungmänner, die heiraten, werden „Haushälter" genannt („adhicari"), zölibatär lebende Krisna-Mönche tragen den Titel „brahmacari". Während die Haushälter ein weißes Gewand tragen müssen, dürfen die Brahmanen das höherrangige safrangelbe Gewand tragen. Der Gründer Prabhupada trägt ein safrangelbes Gewand. Er war zwar verheiratet, hat jedoch seine Frau aus religiösen Gründen verlassen.
So wie alle körperlichen Regungen stark eingeschränkt werden sollen, so kennen die Krisna-Geweihten auch keine Zärtlichkeit. Als

„ansteckende Hautkrankheit" hat Swami Prabhupada die Zärtlichkeiten zwischen Verwandten bezeichnet. Besonders die kleinen Kinder können darunter leiden. Der Geist der Krisna-Bewegung gegenüber Frauen kommt in einem Wort des verstorbenen Gründers über die sexuelle Frage zum Ausdruck:
„Wenn die Männer mehr Geschlechtsverkehr haben, verlieren sie die Kraft, ein männliches Kind zu zeugen. ... Wenn das Geschlechtsleben nicht eingeschränkt wird, gibt es soviel Übles. Jetzt können wir die Nachteile tatsächlich sehen: Impotenz, keine Heirat und erhöhte weibliche Bevölkerung. ... Die Verschwendung von Samen verringert die Intelligenz" (Back to Godhead 9/1975).

Was glauben die Krisna-Anhänger?

„Krisna-Bewußtsein ist die Wissenschaft der Gottvergegenwärtigung" heißt es in einem Werbeflugblatt der „Internationalen Gesellschaft für KRSNA-Bewußtsein (ISKCON) e. V." Das gesamte Leben in der ISKCON wird von den Mitgliedern darum als ständiger Gottesdienst verstanden. Das Flugblatt erklärt weiter:

> „Um in der heutigen Zeit, dem Kali-Zeitalter (dem Zeitalter der Heuchelei und des Zanks), frei zu werden, schreiben die heiligen Schriften das ständige Singen der heiligen Namen Gottes vor. Da Gott oder Krisna absolut und allmächtig ist, besteht kein Unterschied zwischen ihm und Seinem Namen. Deshalb ist Er in Seinem Namen. Gott ist allgegenwärtig und so ist er auch in Seinem Namen. Die Aussprache des Namens ‚Krisna' stellt eine überweltliche Lautschwingung her. Durch diesen einfachen Vorgang des Singens der absoluten Namen Gottes, wie sie im Maha Mantra, dem großen Mantra, enthalten sind — Hare Krisna, Hare Krisna, Krisna Krisna, Hare Hare / Hare Rama, Hare Rama, Rama Rama, Hare Hare — findet man Vollendung in diesem Leben. Es handelt sich nur darum, seine schon existierende ‚Religion' oder Neigung zum Dienen bewußt umzuleiten in die Richtung des gestalthaften persönlichen höchsten Gottes, Sri Krisna."

Die Verehrung des Gottes Krisna als höchstem und einzig wesentlichem Gott ist der gesamte Inhalt der Lehre.

> „Krisna ist der Schöpfer aller Dinge, Krisna ist der Besitzer aller Dinge, Krisna ist der Genießende aller Dinge und der Freund aller Lebewesen.
>
> Hingebungsvolles Dienen für Krisna können wir in diesem Zeitalter nur durch den Vorgang des Chantens Seines Heiligen Na-

mens erreichen. Weil Krisna der Ursprung aller Dinge ist, gibt es nichts, was von ihm verschieden ist.
Deshalb ist Sein Heiliger Name mit Ihm identisch und es wird empfohlen, in diesem Zeitalter den Heiligen Namen Gottes zu chanten, um das höchste Ziel des Lebens, Gott zu erlangen. Krisna ist in Seinem Namen gegenwärtig, Er ist in jedem Herzen, Er ist in jedem Atom" („Extra: Back to Godhead — ‚Öl-krise'").

Trotz dieses eindeutig hinduistischen Rahmens fällt die ISKCON aus dem Rahmen gewöhnlicher hinduistischer Orden heraus. Sie will nämlich hier auf Erden eine Veränderung aller Dinge herbeiführen und sie lehrt, daß dies nur im Zusammenhang mit ihrem Meister, Swami Prabhupada, möglich sei.

Sollten Nichtmitglieder auf den Gedanken kommen, mit dieser „Krisna-ist-überall"-Lehre ernst zu machen und auf eigene Faust den Krisna-Mantra zu „chanten", müssen sie sich von der ISKCON belehren lassen: „Soweit wie möglich sollte das ‚Chanten' vom Munde Nicht-Gottgeweihter vermieden werden. Milch, die vom Munde einer Schlange berührt wurde, hat giftige Nachwirkungen" (Flugblatt „Über den Hare-Krisna-Mantra").

Der Krisna-Glaube der ISKCON ist ein Selbstbefreiungsglaube. Durch das ständige Singen der Gottesnamen könne sich der Mensch selbst befreien, glauben die Krisna-Jünger. Diese Befreiung ist für sie auch Befreiung aus dem von ihnen geglaubten Kreislauf der ständigen Wiederverkörperungen. Nach der Krisna-Lehre kann eine solche Wiederverkörperung (ein weiteres Leben nach dem Tode in einem irdischen Leibe) auch in einem Tierleibe geschehen.

Der Mensch sei als Geistseele „ein wesentlicher Bestandteil Gottes" heißt es im Glaubensbekenntnis der ISKCON. Durch das Singen der Gottesnamen Krisna, Hare und Rama könne diese Seele frei werden. Dies sei die Botschaft des im 16. Jahrhundert lebenden Sri Chaitanya Mahaprabhu gewesen, der als lebendige Verkörperung Krisnas verehrt wird. Von diesem Sri Chaitanya sei eine Art Amtsvollmacht bis auf den Gründer, „Seine Göttliche Gnade A. C. Bhaktivedanta Swami Prabhupada", und dessen Nachfolger gekommen.

Die Wiederverkörperungslehre (die Seele gehe nach dem Tod wieder in einen anderen Körper) und der damit zusammenhängende absolute Vegetarismus sind ein Ausfluß bzw. eine Folge des Glaubens, daß der Mensch als Geistseele ein „wesentlicher Bestandteil Gottes" sei.

Alles andere an den Krisna-Lehren ist demgegenüber zweitrangig. Etwa dies: Es gäbe „8 400 000 verschiedene Lebensarten . . . 900 000 Arten des Lebens im Wasser . . . 400 000 verschiedene Arten menschlicher Körper“, von denen 399 994 auf anderen Planeten leben sollen.

Die Krisna-Verehrung der ISKCON ist in erster Linie eine gelebte und durch Erleben verbreitete Religion. Es fehlt ihr sehr viel von der ansonsten für östliche Religionsgruppierungen typischen verinnerlichten Frömmigkeit. Sie ist, wie dies bei allen anderen Jugendreligionen ebenfalls festzustellen ist, mehr vom weltveränderlichen Aktivismus geprägt.

> „Das Krisna-Bewußtsein fabrizieren wir nicht selber durch irgendwelches intellektuelles Spekulieren. Es ist die Unterweisung der Bhagavad-gita, die besagt, daß wir ohne jeden Zweifel zu Krisna zurückkehren werden, wenn wir für Krisna denken, für Krisna chanten, für Krisna leben, für Krisna essen, für Krisna sprechen, für Krisna hoffen und für Krisna uns erhalten. Das ist die Substanz des Krisna-Bewußtseins“ (Back to Godhead Nr. 13).

Der Prabhu (Krisna-Jünger) empfange als Lohn schon jetzt das „transzendentale Glück“, von dem es acht Zeichen gäbe:

> „1. sprachloses Innehalten, 2. Schweißausbruch, 3. Sträuben der Körperhaare, 4. Brechen der Stimme, 5. Zittern, 6. Ohnmacht, 7. ekstatisches Weinen, 8. Trance“ (Aus dem Flugblatt „Über den Hare-Krisna Mantra“).

Von intellektuellem Spekulieren ist hier wirklich nichts zu finden. Wie bei allen anderen der modernen Jugendreligionen ist auch die Krisna-Religiosität Erlebnisreligiosität.

Warum gehen junge Menschen zur Krisna-Bewegung?

Die Krisna-Bewegung verlangt absoluten Gehorsam und unwidersprochenes Einfügen in die bestehende Gruppenordnung. Die Leiter haben die höchste Autorität und die örtlichen Gruppenführer („Tempelpräsidenten“) verkörpern diese Autorität gegenüber ihren Untergebenen.

Die religiösen Regeln und vor allem die Lehren mögen dem Außenstehenden absurd vorkommen. Trotzdem werden sie befolgt und geglaubt. Es dünkt eigenartig, wenn junge Abendländer vor den bunten Bildern indischer Gottheiten auf den Fußboden fallen oder verzückt die religiösen Mahlfeiern genießen. Das sogenannte „Prasadam“-Mahl wird zu Ehren Krisnas genommen. Es ist eine Art Krisna-Kommunion.

Zu fragen wäre, ob diese Jugendlichen nicht tatsächlich eine Art der Befreiung erlebt haben. Eine Befreiung aus der Unverbindlichkeit und Autoritätslosigkeit, eine Befreiung aus einer Religion, die nichts fordert und auch nichts Wirkliches zu bieten scheint. Bewegungen wie die ISKCON und auch die anderen neuen Jugendreligionen können u. a. als Protest gegen eine unverbindliche, rationalistische und autoritätslose Welt verstanden werden. Zu dieser Welt gehören auch die christlichen Kirchen.

Darüber hinaus zeigt die ISKCON ihren Anhängern scheinbar einen Weg aus der Ziellosigkeit und bietet im „rettenden“ Mantra-Gesang des „Hare Krsna, Hare Krsna ...“ anscheinend eine Welt- und (persönliche) Seelenrettungsmethode an.

Beurteilung der ISKCON aus christlicher Sicht

In den Tempeln der Krisna-Bewegung gibt es Götterbilder, die verehrt werden. Swami Prabhupada, von seinen Anhängern selbst mit dem Titel „Seine Göttliche Gnade“ verehrt, ließ die Devoties (Gläubigen) der Krisna-Bewegung vor den „Bildgestalten“ chanten und tanzen. Nach biblischem Verständnis ist das Götzendienst. Im Vorwort zu dem Buche mit dem bezeichnenden Titel „Christus, Krischto, Krisna“ sagen die Herausgeber (ISKCON, Schloß Rettershof): „Wir müssen verstehen, daß die Lehre Christi und die Krisnas ein und dieselbe ist.“ Das stimmt nicht.

Bei der ISKCON handelt es sich klar erkennbar um eine nichtchristliche religiöse Bewegung. Sie gehört dem Bereich des Hinduismus an. Ihre Gottesvorstellung ist mit dem christlichen Glauben unvereinbar. Zwar wird Gott als „Person“ (Krisna) verstanden, jedoch nicht im gleichen Sinne wie in der Bibel. Diese Krisna-Gottheit existiert angeblich in allen Lebewesen.

Swami Prabhupada: „Alle Lebewesen sind Teile Gottes, wie der Finger Teil des ganzen Körpers ist.“ Letztlich ist dieser „persönliche Gott“ die Summe aller Lebewesen, von denen es nach Swami P. „8 400 000 Arten“ gibt.

Auch die Lehre über den Menschen als Teil der Gottheit, der Wiederverkörperungsglauben und die Selbstbefreiungsidee sind mit dem christlichen Glauben ebenso unvereinbar wie die extreme Leibfeindlichkeit.

Dabei muß gesehen werden, daß gerade die harten religiösen und asketischen Forderungen junge Menschen anzusprechen scheinen. Sie haben ihre Quelle in dem festen Autoritätsglauben an den beinahe als gottähnlich verehrten Meister. Seine Äußerungen, niedergelegt in Schriften und Tonaufzeichnungen, haben absolute Gültigkeit. Auch wenn die Krisna-Bewegung keinen Kirchenaustritt verlangt, muß doch gesehen werden, daß ein ISKCON-Mitglied sich völlig vom christlichen Glauben gelöst hat.
Ob die Krisna-Anhänger aber auch in Indien als echte Hindus anerkannt werden, ist zweifelhaft. Kenner des Hinduismus verweisen darauf, daß man normalerweise wegen des dem Hinduismus zugehörigen Kastensystems zum Hindu nur durch Geburt werden könne.

Die „Vereinigungskirche e. V." (VK) und „C.A.R.P."

früher:
Gesellschaft zur Vereinigung des Weltchristentums e. V. (GVW)

Die Vereinigungskirche verfolgt das Ziel, den 1920 geborenen Koreaner Sun Myung Mun als Messias (oder „Herrn der Wiederkunft") zu propagieren und unter seinem Zepter die gesamte Welt zu „vereinigen"; sowohl was die Welt-Religionen, als die Welt-Wirtschaft, als die Welt-Wissenschaft als auch die Welt-Kultur u. a. m. betrifft.
Sie tritt unter vielen Namen auf und verbirgt sich hinter einer fast nicht übersehbaren Anzahl von Aktivitäten. Als eine Art Dachorganisation kann die „Unification Church International" (UCI) angesehen werden. Ursprünglich wurde diese in Korea zuerst errichtete Religionsgemeinschaft „Tong-Il Kyo" (Vereinigungs-Bewegung oder -Gemeinschaft), oder englischsprachig „Holy Spirit Association for the Unification of World Christianity" (Heilig Geist Gesellschaft für die Vereinigung des Weltchristentums), in ihrem Heimatland bekämpft. Heute gehört sie zu den treuesten Verbündeten der Regierung des mit diktatorischen Vollmachten und Allüren herrschenden Park Chung Hee.
In Österreich trat sie als „Neue Mitte" oder „Neue Aktivität", in Kanada unter dem Namen „Unified Family" (Vereinigte Familie) auf.
Politisch ist sie einem extrem kriegerisch-kämpfenden Antikommunismus verschrieben, der nur die Unterwerfung der gegnerischen Seite kennt, obwohl Außenstehende und ehemalige Mitglieder an-

gesichts der politischen Vorstellungen und des Verhaltens der Bewegung selber stark an Kommunismus erinnert werden.

Mit ihrem Kader aus Jugendlichen (hauptsächlich zwischen 18 und 25 Jahren), aber auch einigen Minderjährigen (mit „Genehmigung der Eltern"), zählt die VK klar zu den neuen Jugendreligionen. Wie bei den anderen Jugendreligionen auch, sind die Führer älter.

Werber der Mun-Religion treten auch unter folgenden Bezeichnungen auf: I.O.W.C. (International One World Crusade); I.C.F. (International Cultural Foundation); I.F.A. (International Family Association); World Students Conference; Professors World Peace Academy; Föderation für Weltfrieden und Vereinigung e. V.; I.C.U.S. (International Conferences on the Unity of the Sciences); Initiative '79 etc.

San Myung Mun (Moon)

San Myung Mun, in koreanischer Sprechweise „Mun Szonn Mjonñg", wurde 1920 in Chongjy, Provinz Pyongan, im heutigen Nordkorea geboren. Der (nur für VK-Mitglieder bestimmte) Lebenslauf kommentiert dieses Ereignis:

> „An diesem Tag wurde einem Menschen das Leben geschenkt, dem der göttliche Auftrag für die schwierigste Aufgabe der Geschichte bestimmt war — die Welt zu erneuern. Die Geschichtsschreibung wird jenen Tag als den Beginn eines kosmischen Übergangs kennzeichnen" (S. 7).

Schon als kleiner Junge habe er außergewöhnliche Eigenschaften gezeigt.

> „Höchst ungewöhnlich war auch sein unbeugsamer Wille, dem selbst seine Eltern hilflos gegenüberstanden. Er nahm den geringsten Akt von Ungerechtigkeit umgehend wahr und zeigte seinen Zorn und Unwillen besonders dann, wenn er sah, daß Erwachsene unschuldige Kinder ausnutzten. Er warf sich dann auf den Boden und schlug weinend seine Arme und Beine auf den Fußboden. Obgleich er am Körper Quetschungen erlitt und blutete, zeigte er kein Zeichen des Nachgebens, bevor nicht die Schuldigen die Berechtigung seiner Proteste eingesehen und ihre Fehler wiedergutgemacht hatten" (S. 7/8).

Diese seelisch krankhafte Verhaltensweise, bei der Klein-Mun seinen Willen durchsetzt (und welches Kind würde seine eigene Ansicht nicht für richtiger halten als die der Umwelt), wird von den Anhängern als ein Zeichen der Größe umgedeutet. Ebenso seine

Weinanfälle, vermutlich hysterischer Art, die er als Jüngling des öfteren hatte.

„Vielfach waren seine Augen so angeschwollen, daß es selbst seinen nächsten Angehörigen schwerfiel, ihn zu erkennen. Seine Tränen flossen in solcher Menge, daß sie manchmal die dicken Matten durchweichten, die im Osten den Fußboden bedeckten, und durch die Decke in das darunterliegende Geschoß hinabtropften" (S. 8).

Was in seinem Lebenslauf so gedeutet wird:

„Er beweinte das Leid Gottes; er vergoß die Tränen der leidenden Menschheit. Es waren die göttlichen Tränen, die als Entschädigung dienten und das trauernde und einsame Herz Gottes trösteten" (S. 8/9).

Mun scheint von Hause aus wie seine Familie einer kleinen christlich ausgerichteten Gemeinschaft angehört zu haben. R. Hauth berichtet, daß er um 1946 einem „Israel Orden" beigetreten ist, dessen Großmeister sich wohl auch schon für den Messias gehalten hat. In der Lehre dieses Ordens scheint Korea als erwähltes Land und Volk an die Stelle des historischen Israel getreten zu sein. Es gibt Anzeichen dafür, daß wesentliche Teile der Mun-Lehre diesem „Israel Orden" entnommen sind.

Mun wird in Phyongyang 1946 (?) zum erstenmal verhaftet. 1948 wird er zum zweitenmal verhaftet und für längere Zeit inhaftiert.

In der Zeitung „The New York Times" vom 16. 9. 1974 werden die Gründe folgendermaßen angegeben:

„Einige von Muns früheren Bekannten aus Korea beteuern, daß seine erste Verhaftung durch die Kommunisten begründet worden ist mit dem Vorwurf der ‚Zerrüttung der sozialen Ordnung', besonders durch sexuelle Promiskuität. Seine zweite Verhaftung, wird gesagt, geschah wegen Wiederverheiratung ohne Scheidung von seiner zweiten Frau. Seine gegenwärtige Frau ist die vierte, laut Quellen aus Seoul — nicht seine zweite, wie es durch einen Sprecher der Kirche berichtet wurde."

Die Zahl der Eheschließungen hätte keine Bedeutung, wäre nicht die letzte Eheschließung (1960) von Mun zur „Hochzeit des Lammes" hochgelobt worden.

Die Zeit nach der zweiten Verhaftung verbringt er in einem Arbeitslager, wo er laut internem Lebenslauf unzählige Super-Wunder vollbracht haben soll. Sogar eine Auszeichnung durch die kommunistischen Behörden soll er (vermutlich wegen Übererfüllung des Arbeitssolles) bekommen haben.

1950 wird er durch den Koreakrieg befreit. 1954 läßt sich seine damalige Frau von ihm scheiden. Im gleichen Jahr gründet er seine „Kirche", deren ersten Missionar er 1958 nach Japan schickt.
Mit seiner 1960 geheirateten 22 Jahre jüngeren Frau Han Hak Ja läßt er sich jetzt als „wahres Elternpaar" verehren, als „neuer Adam und neue Eva, ihre Kinder als Erstlinge einer neuen, vollkommenen Welt" (Time, 15. 10. 1973). Auch finanziell wird er erfolgreich. Das Magazin Time berichtet 1973, daß seine Geschäfte mit Ginseng-Tee (Marke „Il Hwa"), Titanium, Luftgewehren etc. ihm etwa 15 Millionen Dollar eingebracht haben. Zum Industrie-Imperium gehören auch Zeitungen, Restaurants und andere Unternehmungen. Die Mitglieder der Mun-Gruppen hingegen leben in Besitzlosigkeit.

Das Leben in der „wahren Familie"

Jugendliche, die sich zum Eintritt in die „Familie" der Vereinigungskirche entschlossen haben, werden im allgemeinen ihre Berufsausbildung, Schule, Familie usw. verlassen und sich ganz der neuen Gemeinschaft und ihren Anforderungen widmen. Es gibt Ausnahmen. Vor allem da, wo die Eltern ihre gesetzlichen Rechte bei Minderjährigkeit der Jugendlichen geltend machen und darauf bestehen, daß ihre Kinder zu Hause wohnen bleiben und ihre Ausbildung weiterbetreiben. Doch die elterliche Gewalt endet jetzt mit dem 18. Geburtstag und nicht wenige Eltern kapitulieren auch schon zuvor vor der Hartnäckigkeit der „Familie" und der von ihr beeinflußten jungen Leute. Immer wieder bezeugen die Berichte von Eltern und Angehörigen die Veränderungen, die mit den zu Mun's Lehre bekehrten und in die Gemeinschaft eingetretenen jungen Menschen geschehen sind. „Christine war völlig verändert, aufgeregt, fanatisch. Sie war nur noch aggressiv. So kannten wir sie noch nie"; „Mit unserer Tochter war nicht mehr zu reden. Wie abwesend lächelte sie und sagte immer wieder ‚Ihr müßt nur Vertrauen haben, dann ist alles gut'. Aber selten hatten wir so wenig Vertrauen zu unserer Tochter, die wir kaum noch wiedererkennen." „Wie hypnotisiert", „keinen eigenen Willen mehr", „durfte uns nicht unter vier Augen sprechen" — so schildern es Angehörige.
Über die Trainings-Freizeiten in den Mun-Lagern berichtet eine Zeitschrift (Weltbild v. 30. 5. 73) von „suggestiven Exerzitien, die an Hypnose grenzen". Weiter heißt es:

> „Die Kost ist schmal (Müsli, Stullen, Reis, Salat, gelegentlich Fisch, nie Fleisch), lange Fastenzeiten schwächen Willen und das

kritische Denkvermögen. Geschlafen wird spartanisch auf hartem Boden. Stundenlange Vorträge und Dauergebete suggerieren Mun-Ideologie.

Unentschlossene Novizen werden während der Einstimmung von der Außenwelt abgeschirmt. Eltern, die ihre Kinder zurückholen wollen, müssen draußen vor der Tür bleiben — es sei denn, sie drohten mit der Polizei. Das Suggestiv-Training erinnert an kommunistische Gehirnwäsche."[1]

Über die von Außenstehenden nicht selten als „Belügen" empfundene Art des Fehlinformierens durch Mun-Anhänger glaubt man sich in der Mun-Bewegung folgendermaßen beruhigen bzw. Recht geben zu können: Jakob habe Esau das Erstgeburtsrecht abgeschwindelt, also könne man „zugunsten Gottes" auch „Satan etwas abschwindeln".

Besorgt wegen der wachsenden Beunruhigung der Eltern, die auch zur Gründung einer „Elterninitiative zur Hilfe gegen seelische Abhängigkeit und religiösen Extremismus" geführt hat, versucht die VK durch sogenannte „Elterntage" und zeitweiligen Urlaub der „Missionare" dieses Abhängigkeitsverhältnis optisch etwas aufzulockern.

Es wurde auch eine „Elterngemeinschaft der Vereinigungskirche e. V." ins Leben gerufen, bei der die Eltern unterschreiben sollen „Ich stimme mit den Grundlagen und Zielvorstellungen der Vereinigungskirche e. V. überein und möchte sie als Mitglied der Elterngemeinschaft unterstützen". Es kann bezweifelt werden, daß die Eltern diese „Grundlagen und Zielvorstellungen" wirklich kennen. Zu den Zielvorstellungen gehören u. a. auch die Messiasherrschaft Muns und die Verteidigung Koreas als „religiöses Heimatland".

Oberster Statthalter Muns ist der jeweilige Landesvater, in Deutschland seit Ende 1977 Rainer Vincenz.

Die Vereinigungskirche ist, wie die anderen Jugendreligionen auch, als streng hierarchisch-autoritär bekannt. Die im Gelöbnis geschworene Treue gilt auch gegenüber den unteren Instanzen. Einen solchen Treueschwur legt jedes neue Mitglied der VK ab. Dort heißt es:

„Ich bin stolz, das Kind des einen Wahren Elternpaares zu werden; stolz auf die Familie, die die eine Tradition ererben wird. —

[1] Hin und wieder gibt es auch Fleischmahlzeiten. Es ist jedoch alles auf den Vorgang der Seelenwäsche abgestimmt, die anders als die willensbrechende Gehirnwäsche auf einer Zustimmungshaltung aufbaut und eine Immunisierung gegen jede Kritik „von außen" erzeugen will.

Ich werde unter Einsatz meines Lebens kämpfen. — Ich bin verantwortlich, meine Pflicht und meine Mission zu erfüllen. — Das gelobe ich und schwöre ich."

Getreu dieser Verpflichtung gehen die neuen „Familienmitglieder" in Trainingskurse, die in den Schulungszentren der VK abgehalten werden, arbeiten sie bei dem sogenannten Ein-Welt-Feldzug mit. Dabei sind etwa ein größeres Team mit einem Dutzend Wohnwagenanhängern und einem Küchenlastwagen von Stadt zu Stadt auf Missionsreise. Dem Treuegelöbnis folgend, halten sie sich an die strengen Fastenregeln, gehen sie nach der Arbeit — von der sie allen Verdienst abliefern — noch auf Straßenmission und lassen sie sich schließlich auf Weisung durch den Landesvater oder den Gründer Mun selber verheiraten.

Bei Großkampagnen („International One World Crusade" und „Rallyes for Peace and Freedom") werden Tausende von Gefolgsleuten auf „Kreuzzüge" geschickt. Bei solchen Kreuzzügen werden die Kulturgruppen der Munbewegung als Werbeträger eingesetzt, wie z. B. die Folk-Rock-Gruppe „Sunburst", der Gospel-Chor „Voices of Freedom", die „New Hope Singers" und die „One World Band" usw.

VK-Missionsdienst

VK-Missionsdienst wird vorwiegend auf den belebten Plätzen und in den Zentren der großen Städte oder vor den Universitäten betrieben. Nicht jeder Passant wird von den stillen Werberinnen und Werbern angesprochen. Man schaut vor allem nach Jugendlichen, die für die Gruppe passend scheinen. Die werden entweder kurz angesprochen und je nach der Lage mit einer Einladungskarte zu einer abendlichen Lehrstunde in der örtlichen Niederlassung der „Familie" oder schon mit einer Schrift bezüglich der „göttlichen Prinzipien" (vgl. folgendes Kapitel) versehen, oder womöglich gleich ins naheliegende VK-Quartier geleitet. Auch haben sich Mun-Missionare schon zu Werbezwecken in christliche Teestuben oder Jugendkreise begeben.

Wichtige Missionsargumente: Die Welt sei nicht so, wie sie sein sollte, es müsse alles besser gehen, dazu brauche es eine „Neue Wahrheit". Diese Wahrheit habe Mun gefunden. Alle sozialen Dienste seien doch nur ein Tropfen auf den heißen Stein, es gelte, die Welt grundlegend zu verändern. So warben die österreichischen Mun-Jünger mit einem Flugblatt unter Studenten: „Was erwartest Du von Deiner Ausbildung?" Dieses Flugblatt konfrontiert den Studenten mit der wichtigen Frage, wozu er alles dies eigentlich tue: überfüllte Hörsäle zu besuchen, unentwegt lernen usw. und fragt schließlich „Was tust Du für Dein geistiges Wachstum?“ Da gerade dies der fragwürdigste Punkt unserer akademischen Ausbildung ist, sind manche jungen Menschen durch eine solche Frage sehr ansprechbar.

Die VK-Missionare bezeugen demgegenüber, sie hätten die richtige Entscheidung getroffen und eine Antwort auf alle ihre Fragen gefunden. Sie hätten die „Neue Wahrheit“ kennengelernt, die imstande sei „Religion und Ideologien zu vereinigen und die gesamte Menschheit zu einer großen Familie zu machen“.

Nachdenkliche junge Menschen leiden oft stark unter der Zerrissenheit unserer Welt. Die Vorstellung einer Vereinigung aller Menschen zu einer großen Familie fasziniert und kommt der Sehnsucht nach Frieden und einer glücklichen Welt entgegen. Und so kann es leicht geschehen, daß der so angesprochene Jugendliche schon kurz darauf in einem „Mobilteam“ des „Eine-Welt-Feldzuges“ mit auf Mission geht, um neue Mitkämpfer zu werben.

„Jeder Missionar soll jeden Monat der Familie ein neues Mitglied zuführen. Hat er dieses Soll erfüllt, ist drei Jahre dabei und hat mindestens einmal sieben Tage gefastet, besteht die Möglichkeit, daß ihn der Meister zur Segnung (sprich Hochzeit) auswählt. Die Ehepaare müssen jedoch noch mindestens vier Jahre getrennt leben. So wird der eine Partner nach Indien geschickt und der andere nach Berlin. Sollte ein Ehepaar der Gemeinschaft beitreten, so muß es so lange getrennt leben, bis der Meister die beiden segnet. Freund und Freundin werden ohnehin auseinandergebracht“ (aus einem Erlebnis-Bericht).

Dieser Dienst kann nach Ghana, Japan, England, in den Orient oder die USA führen, wo Mun umfangreiche Besitzungen hat.

An den Universitäten wurde von Mun eine „Neue Alternative“ mit dem Namen CARP (Collegiate Association for the Research of Principles) gestartet, die in Wien beinahe umgehend in Konflikt mit den Hütern der öffentlichen Ordnung geriet. Zu sogenannten „Leadership-Seminaren“, in denen Führungskräfte der Mun-Gefolgschaft ausgebildet werden sollen, werden auch bekannte Wissenschaftler als Vorlesende eingeladen. Mit ihren Namen will sich die „Unification Church“ öffentliche Anerkennung sichern.

Eine Mutter aus Frankreich schreibt: „Die VK ist Teil eines weitverzweigten politischen und wirtschaftlichen Unternehmens ... desgleichen: International Conferences for the Unity of the Sciences

(ICUS) — die bekanntesten Wissenschaftler, darunter Nobelpreisträger, werden eingeladen, ohne von Mun und VK zu wissen; ihre Namen werden dann bei der Anwerbung junger Mitglieder mißbraucht — auch bei den Eltern. ‚Wir sind seriöse Leute, der XY ist mit uns einverstanden'."
Ein anderer geschickter Werbeschachzug war der mehrfache Auftritt der Mun'schen Kinder-Folklore-Gruppe „Die kleinen Engel" bei internationalen Großveranstaltungen oder im deutschen Fernsehen (präsentiert von Peter Alexander), der ebenfalls für die Mission der Mun-Anhänger äußerst günstig gewesen ist. Weitere ähnliche Werbeinitiativen sind zu erwarten. Als Werbeschachzug der Mun-Gruppen muß auch die versuchte Wahlhilfe für die CDU/CSU während des Bundestagswahlkampfes 1976 gesehen werden, von der diese Parteien sich jedoch scharf distanziert haben. Ab Juni 1977 versucht die Mun-Bewegung auch mit einer „überparteilichen Wochenzeitung" „Der Report" (zuerst „Zeit-Report") Einfluß zu gewinnen.

Zur Zeit häufen sich Nachrichten, daß Anhänger der Vereinigungskirche „von Haus zu Haus" gehen und Geld sammeln. Dabei werden u. a. Behauptungen aufgestellt, das Geld sei „für ein ökumenisches Jugendzentrum". Eine Sammelgenehmigung lag in den bekannt gewordenen Fällen nicht vor.

Die „Göttlichen Prinzipien"

San Myung Mun behauptet, „die Wahrheiten Gottes" nach langem peinvollem Kampf „in seinen Händen besiegelt" zu haben. Über den damals 25jährigen heißt es:

> „An diesem Punkt wurde er zum unumschränkten Sieger von Himmel und Erde. Die gesamte geistige Welt beugte sich am Tag des Sieges vor ihm; denn er hatte sich nicht nur von der Anschuldigung Satans völlig frei gemacht, sondern war nun auch in der Lage, Satan vor Gott zu verklagen. Satan ergab sich ihm an jenem Tag völlig, denn San Myung Mun hatte sich zu einem reinen und vollkommenen Sohn Gottes emporgekämpft" (Lebenslauf S. 9/10).

Das ist der Grundgedanke der Mun-Religion. Mun habe den Weg gefunden, wie sich die Menschheit von der Herrschaft Satans befreien könne. Er sei als erster diesen Weg gegangen und er habe den Sieg errungen. Er habe geschafft, was zwar Jesus und andere vor ihm versucht, aber nicht erreicht hätten. Jesus habe erstens nicht geheiratet und sich zweitens kreuzigen lassen. Beides seien Fehler gewesen.

Getreu dem Vorbild ihres Gründers wird als Ziel der Anhänger der Mun-Bewegung angegeben:

> „Die Erreichung von Vollkommenheit durch Liebe zu Gott und den Menschen."

Das Gottesbild ist in der Mun-Bewegung allerdings anders als im christlichen Glauben. Auch die Bibel wird anders gedeutet.

Das Hauptbuch der Vereinigungskirche trägt den Titel „Die Göttlichen Prinzipien". Es gibt mehrere Ausgaben, darunter auch Kurzfassungen. Einzelne Kapitel werden von den jungen Missionarinnen und Missionaren als gesonderte Werbebroschüren verteilt. Die Kurzfassungen unterscheiden sich oft im Wortlaut und Inhalt erheblich. Es gibt also nicht *das* Buch mit dem Titel „Die Göttlichen Prinzipien", sondern mehrere solcher Schriften. Sie haben auch unterschiedliche Autoren.

Diese Lehre sieht etwa so aus: Grundlage aller Existenz, auch der Gottes, sei das „Prinzip von Geben und Nehmen".

„Seine ewige Energie ist polarisiert in männlich und weiblich. Das Geben und Nehmen zwischen ihnen bildet die Grundlage für seine Existenz. Gegenüber dem Menschen kann Gott nur dort wirken, wo er sein reflektiertes Abbild oder eine empfängliche Grundlage findet." Eine derartige Gotteslehre ist unbiblisch.

Die Mun'sche Lehre behauptet, der Mensch ähnele Gott in drei Dingen:

„Erstens gleichen des Menschen Verstand und Gefühl, Herz und Körper und Männlichkeit und Weiblichkeit der Polarität Gottes . . .

Zweitens hat der Mensch das Potential, der Vollkommenheit Gottes ähnlich zu werden . . .

Drittens ähnelt die Fortpflanzung des Menschen der Fortpflanzung Gottes." (GP, Studienführer, Young Oon Kim, Frankfurt 1971, 4. Aufl.) Auch das ist unbiblisch, wenn nicht gar lästerlich.

Nach Mun hat der Mensch die Aufgabe, „die drei Segnungen" zu erfüllen.

1. „seid fruchtbar": das bedeute, Gott ähnlich zu werden, Herz und Körper auf Gott auszurichten;
2. „mehret euch": dies bedeutet das Zeugen von Kindern in der Vervollkommnung;
3. „Herrschaft": Alle Dinge des geschaffenen Universums sollen Objekte des Menschen sein.

Doch entgegen Gottes Willen geschah folgendes: Mit dem Sündenfall, der durch Evas Unzucht mit dem Satan begann und durch die Verführung Adams durch Eva perfekt gemacht worden war, kam der Mensch unter Satans Herrschaft. Dadurch kam auch die Schöpfungsordnung ins Wanken.

Wenn in den Mun-Schriften behauptet wird, „Die Art des Aktes der ursprünglichen Sünde wurde niemals aufgedeckt", so muß demgegen festgestellt werden, daß es derartige Sexualspekulationen schon in einer Reihe von sogenannten „gnostischen" Sekten kurz nach der Apostelzeit gegeben hat, diese aber von den Christen schon damals als heidnische Phantasterei abgelehnt wurden.

Vom Satansspiel unberührt blieb aber das andere „Prinzip" der Polarität.

Solche einander ergänzenden Gegensatzpaare sind z. B.: die Subjekt-Objekt-Verhältnisse Gott und Mensch, Mann und Frau, Herz und Körper, Inneres und Äußeres, Sichtbares und Unsichtbares u. a. m.

Gott als Subjekt brauche also den Menschen als Objekt, der Mann die Frau usw. Dieses „Subjekt-Objekt"-Verhältnis durchziehe die ganze Schöpfung, auch Gott selbst. Gott habe ein Herz (männlich, Subjekt) und einen Körper (weiblich, Objekt). Dieses Äußere Gottes geht ein in seine Schöpfung.

Für Christen, denen diese Spekulationen zu unbiblisch vorkommen, haben die „Göttlichen Prinzipien" den schönen Rat:

> „Die heutigen Christen müssen sich von ihrer überlieferten Glaubensvorstellung lösen, die sie zu Gefangenen der Bibelverse machte."

Muns Lehren entstanden auch nicht durch eifriges Bibelstudium, sondern aufgrund von besonderen „Offenbarungen".

In der Werbebroschüre „Die Neue Zukunft des Christentums — Rev. San Myung Mun" wird deutlich erklärt:

> „Durch Rev. San Myung Mun bringt Gott, da die Zeit reif ist, die himmlische Botschaft, die der Menschheit nie zuvor gegeben wurde, die Botschaft, die Jesus Christus nicht offenbaren konnte" (S. 8).

Mun: „Ich sprach mit Jesus" (S. 95)! Der habe es ihm bestätigt, daß beispielsweise Gott in gewissen Perioden (von jeweils 2000 Jahren) versucht habe, die Rückführung der Menschen unter seine Herrschaft zu betreiben, jedoch er (Jesus) ebenso wie Abraham gescheitert sei. Dies weil Jesus nicht geheiratet habe und weil es

durch Versagen von Johannes dem Täufer zum Fehler der Kreuzigung gekommen sei.
Über Johannes lehrt Mun: „Er nahm Jesus absolut nicht ernst", „Durch das Versagen Johannes des Täufers zerriß die Verbindung zwischen dem Sohn Gottes und dem Volk. Die Folge davon war, daß nur Fischer, Zöllner, Huren und Aussätzige Jesus Christus nachfolgten. Diese Tatsache bereitete dem Herzen Gottes großen Kummer" (S. 92 und 94).

Thema eins — Wiedergutmachung

Bei der Mun'schen Bewegung richtet sich alles auf die sogenannte Wiedergutmachung aus. Diese basiert auf drei Bedingungen: 1. müsse eine „Hauptperson vorhanden sein" — als diese gilt San Myung Mun; 2. müßten „als Mittler dienende Objekte vorhanden sein" — auch diese Rolle nimmt Mun ein, gleichfalls aber seine Gemeinschaft und seine Botschaft; 3. „muß ein Zeitabschnitt der Wiedergutmachung auf mathematischer Ebene erfüllt werden".
Hierher gehören die Spekulationen über die 2000-Jahr-Abschnitte und ähnliches (Spekulationen um die Zahlen 10, 40, 12, 21, 160 etc.). Sie alle sollen nur darauf hinweisen, daß jetzt mit Muns Erscheinen die richtige Zeit gekommen sei. Sie haben sonst keine besondere Bedeutung für die Darstellung der Lehre dieser Gruppe.
Auch Hitler hat in den Mun'schen Spekulationen einen wichtigen Platz. Er sei eine „Person vom Typ Jesu auf der satanischen Seite" gewesen. „Hitler hatte sehr viel Ähnlichkeit mit Jesus in bezug auf seine Ideologie, seinen Familienstand (ledig), seinen jämmerlichen Tod, seinen verlorengegangenen Körper usw., jedoch der ‚Wille' stand im Gegensatz zu dem ‚Willen' Jesu."
Dieses Beispiel mag deutlich machen, wie willkürlich man in der Vereinigungskirche mit der Wahrheit umspringt. Daß Hitler vor seinem Tode noch geheiratet hatte, wird übergangen.
Als „letzte Maßnahme Gottes" rechnen die Mun-Leute mit einem dritten Weltkrieg, „in dem die demokratische Welt die kommunistische Welt unterwerfen muß".
Überlegt man sich, daß ein Militär auf hohem Posten eine solche Glaubensvorstellung in die Wirklichkeit umsetzen könnte, oder ein Weltpolitiker unter Beeinflussung durch Muns Ideen einen dritten Weltkrieg vom Zaune brechen würde, kann man sich vorstellen, welche Gefahr hinter solchen Vorstellungen lauert!
Vor Beginn dieses dritten Weltkrieges werde Christus in Korea

wiedergeboren werden. Muns Anhänger sehen diese Bedingung mit der Geburt Muns erfüllt. In Korea verlaufe die Frontlinie Gottes und Satans. Hier erschien San Myung Mun, der als der neue Messias „Satan vollkommen unterworfen und Satans geheimes Verbrechen aufgedeckt“ habe. San Myung Muns letzte Verheiratung wird von den Mun-Gläubigen als „Hochzeit des Lammes“ gedeutet, mit der das neue Zeitalter begonnen habe.
Wer an dessen Segnungen teilnehmen will, muß allerdings vorher Wiedergutmachung leisten. Er muß in die „wahre Familie“ (die Mun-Gemeinschaft) eintreten, eine Ehe in dieser Familie schließen und dann sündlose Kinder zeugen. Durch besondere Verzichtleistungen (auf Süßigkeiten, Fleisch etc.) muß er eine „Abbezahlung an den Satan“ erbringen, der als Herr der Menschen ein Anrecht auf diese Abbezahlung habe.
Die Teufelsfurcht unter den Mun-Jüngern und -Jüngerinnen ist derart, daß von einem Ehemaligen berichtet wird, er habe beim Anblick einer Kasperltheater-Teufelspuppe einen Nervenzusammenbruch bekommen (Welt am Sonntag, 15. 4. 1973).
Wer eine sündlose Ehe führen will, soll im allgemeinen vorher drei „geistige Kinder gezeugt“ (Bekehrungen vollbracht) haben. Als besondere Spezialität veranstaltet Mun gerne werbewirksame Massentrauungen von bis zu 1800 Paaren auf einmal.

Beurteilung der VK aus christlicher Sicht

Trotz der vielen christlichen Begriffe und Namen und trotz der vielen Bezugnahmen auf die Bibel, handelt es sich bei der Vereinigungskirche nicht um eine christliche Glaubensgemeinschaft, sondern um eine eigenständige religiöse Bewegung.
Ihr Gottesbild ist unbiblisch und mitsamt den anderen Spekulationen am ehesten in den Bereich der „gnostischen“ Religiosität zu verweisen.
Die Gnosis war eine in frühchristlicher Zeit existierende Bewegung, die durch Vermittlung geheimer religiöser Kenntnisse („Gnosis“ = „Wissen“) die Erwählten bzw. Wissenden („Gnostiker“) zur Einheit mit der Gottheit führen wollte. Es gab dabei heidnische, aber auch christlich gefärbte gnostische Gruppierungen. Geheimlehren und Einweihungen spielten eine Rolle.
Eine Feier am Sonntagmorgen (gegen 5 Uhr) vor den Bildern der „wahren Eltern“ mit Gebeten und der Ablegung des Gelöbnisses sowie ein regelrechter Festkalender, darunter als wichtigstes Fest der sogenannte „Elterntag“, der zu Ehren von Mun und seiner

Frau begangen wird, unterstreichen die (nichtchristliche) religiöse Eigenständigkeit der Mun-Bewegung.
Die von der Gemeinschaft herbeigeführte Trennung zwischen der echten Familie und den zur „wahren Familie“ übergetretenen Angehörigen ist unchristlich. Welche gefährlichen Bindungen durch die in der Mun-Bewegung vollzogenen „Seelenwäschen“ entstehen, zeigt der Brief eines jungen Mannes, der nach seinem durch — vermutlich auf den Aufenthalt in der Vereinigungskirche zurückführende — körperliche und seelische Erkrankung erzwungenen Ausscheiden aus der Vereinigungskirche einen Selbstmordversuch unternimmt und der an ein ihm bekanntes Mitglied der Vereinigungskirche schreibt: „Der Grund für meinen Selbstmordversuch ist der Satz von Vater: Wer aus der Familie geht, kann mitsamt seiner Verwandtschaft in seinem physischen Leben nicht wiederhergestellt werden.“ Im Juni 1978 starb er durch Selbsttötung.
Daß sich Mun als Messias verehren läßt, ist gotteslästerlich. Gefährlicher aber scheint das aktive Hinarbeiten auf die Verwirklichung der Mun'schen Ideen, die ja auch einen angeblich notwendigen dritten Weltkrieg einschließen.
Das sogenannte Training in den Lagern der Gemeinschaft in Camberg und den USA ist für den christlichen Glauben wertlos, wenn nicht gar schädlich. Eine derartige Mißdeutung der Bibel, wie sie in der Vereinigungskirche vorgenommen wird, ist selbst den fragwürdigsten christlichen Sekten fremd.
Die Vereinigungskirche zählt nicht zur Weltchristenheit. Die Stellung zu den Religionen enthüllt eine Vereinssatzung des in Deutschland gegründeten Vereins „Föderation für Weltfrieden und Vereinigung e. V.“, der als besonderer Verein neben der „Vereinigungskirche e. V.“ eingetragen wurde. Dort heißt es unter Abschnitt 5: „Zu diesem Zweck wird der Verein folgende Funktionen ausüben …

b) Nach der fundamentalen Wahrheit in allen orientalischen und westlichen Religionen zu suchen, so daß die gemeinsame Basis für ihre Bemühungen geschaffen werden kann …“

Maßstab dieser „fundamentalen Wahrheit“ wären aber in jedem Falle Muns Offenbarungen und Ideen.
Eine Zusammenarbeit mit Muns Vereinigungskirche oder einer ihrer Vereine oder Untergruppierungen ist für christliche Gemeinden in keinem Falle möglich. Das „Theologiestudium“ an der Mun-Schule in Barrytown N. Y. kann nicht zum Dienst in einer christlichen Kirche führen oder befähigen. Studieren Mun-Anhänger Theologie an einer anerkannten Hochschule, können sie trotzdem

nicht Geistliche einer christlichen Kirche werden, solange sie die Mun-Lehren glauben.
Da die Taktik der Vereinigungskirche immer stärker darauf abzielt, sich als „christliche Konfessionsgruppe“ darzustellen und da damit gerechnet werden muß, daß Mitglieder der VK in die bestehenden Kirchen hineinwirken wollen („Mitarbeit“ in der Jugendarbeit etc.), müssen die christlichen Kirchen besonders wachsam sein.
Es ist nicht auszuschließen, daß die politische Seite dieser Jugendreligion immer stärker wird. Sogar die Gründung einer Art von Fremdenlegion zum eventuellen Einsatz in Korea, dem „religiösen Vaterland“ der Mun-Gläubigen, wurde schon angedeutet.

Die „Sea-Org“ (See-Organisation) der „Scientology Kirche“

Bei der Sea-Org handelt es sich um das Rückgrat der sogenannten „Scientology Kirche“, die auf das Wirken eines gewissen Lafayette Ron Hubbard, geb. 1911, zurückgeht. Mit ihrem Mitarbeiterstab und ihrer Zielsetzung erfüllt sie alle Voraussetzungen einer neuen Jugendreligion. Sie wird in einem Werbeflugblatt als „Speerspitze einer neuen und größeren (greater) Zivilisation auf Erden“ gepriesen.

Der Gründer und Erfinder (Hubbard)

Lafayette Ron Hubbard war ein Einzelkind. Er wuchs bei seinem Großvater auf und kam erst mit zehn Jahren zu seinem Vater. Diesen, er war US-Navy-Offizier, begleitete der Heranwachsende auf seinen Reisen, die ihn auch durch China und Indien geführt haben sollen. Sein Lebenslauf ist für Außenstehende nicht durchsichtig und keineswegs vollständig. Die seitens Scientology verbreiteten Informationen zeigen die Kennzeichen einer unglaubwürdigen Mythologisierung. Er sei Expeditionsleiter gewesen, er habe Science-fiction-Romane geschrieben, er sei Offizier der US-Navy gewesen. Gesicherte und allgemein zugängliche Unterlagen scheint es dafür nicht zu geben.
In einem von der Sea-Org verbreiteten Lebenslauf heißt es:
„Hubbard kehrte im späten Frühling 1942 nach Hause zurück, als die ersten US-Soldaten verwundet aus dem Fernen Osten heimkehrten.“ Ob auch er unter den Verwundeten gewesen ist, entschleiert die Bemerkung nicht. Ende des Krieges will er gelähmt und erblindet gewesen sein.
Christopher Evers stellt in seinem Buch „Kulte des Irrationalen“ (Hamburg 1976) die Hubbard’schen Leiden vor: „Geschwür am

Zwölffingerdarm, Schleimbeutelentzündung (rechte Schulter), Arthritis, Bindehautentzündung". Er berichtet auch, ein Sprecher des Marineministeriums habe erklärt:

„Eine Überprüfung der Akte von Mr. Hubbard ergibt keinerlei Anhaltspunkte dafür, daß er im Dienst der US-Marine verwundet wurde."

1949 aber sei ihm wieder volle Einsatzbereitschaft bestätigt worden. Die Genesung sei das Ergebnis von Hubbards Erfindungen. 1950 veröffentlichte er ein Buch „Dianetics, the modern Science of Mental Health". Hubbard tritt mit den „Entdeckungen" namens „Dianetics" und „Scientology" an die Öffentlichkeit, deren Namen heute als Warenzeichen eingetragen sind (Scientology® und Dianetics®). Er wird finanziell erfolgreich. Schließlich wird für das Jahr 1965 behauptet, Hubbard habe durch eine „letzte und wirksame Stufe dieser Entdeckungen" Wunderbares erreicht:

„Die langersehnte Brücke zur totalen Freiheit für den Menschen war gebaut."

1946 kommt Hubbard mit den Ideen eines Mannes in Berührung, dessen oberster Leitsatz lautet „Tue was Du willst soll sein das ganze Gesetz". Es ist das Motto des OTO (Orientalischer Tempelorden) und seines Führers, des englischen Magiers Aleister Crowley (vgl. Münchener Reihe „satan - teufel - luzifer").

Hubbard lernt in dieser fraglichen Zeit den OTO-Führer Jack Parsons kennen, der in einem Brief an den Magier Crowley die neue Freundschaft mit Hubbard preist. Parsons' Schreiben zufolge soll Hubbard damals behauptet haben, einen Schutzgeist namens „the Empress" (die Kaiserin) zu besitzen. Parsons und Hubbard legen ein gemeinsames Bankkonto an, versuchen in einem seltsamen Ritual ein „Moonchild" (Mondkind) zu zeugen (bei welcher Zeremonie im März 1946 Hubbard als eine Art Seher oder Hellseher fungiert) und zerstreiten sich wegen des Geldes auf dem Bankkonto. Parsons fühlte sich von Hubbard hintergangen.

Hubbard hat später behauptet, er sei ausgeschickt worden, die Situation zu „meistern". Dabei sei er absolut erfolgreich gewesen, die schwarzmagische OTO-Gruppe sei zerstreut und zerstört worden, sie habe sich niemals wieder erholt.

Leider irrt Hubbard in diesem Punkte. Der kalifornische Zweig des OTO machte 1966 in einem Prozeß um einige besondere Greueltaten von sich reden (schwere Kindesmißhandlungen u. a.). Im Februar 1978 wurde Hubbard in Abwesenheit durch ein französisches Gericht in erster Instanz wegen Betrugs zu vier Jahren

Gefängnis ohne Bewährung sowie einer Geldstrafe von 35 000 Franc verurteilt.
Es ist jedoch auffällig, daß in den Scientology-Publikationen seit längerer Zeit kein neues Foto von Hubbard mehr veröffentlicht worden ist, seine Tochter Diana Hubbard-Horwich zeitweise immer stärker in den Vordergrund trat und u. a. auch in ähnlichen Posen wie ihr Vater abgebildet wurde. Von Hubbard wurde sehr allgemein behauptet, er sei „auf Reisen". Kritische Beobachter sind der Ansicht, daß Hubbard entweder schwer krank oder längst gestorben sei.

Eine Glaubensmaschine (E-Meter)

Grundbaustein aller von Hubbard begründeten Systeme ist der sogenannte „Hubbard-Elektrometer", oder kurz „E-Meter". Der Münchner Psychotherapeut Achim Seidl berichtet in seinem Buch „Im seelischen Underground" (München 1972) über diese Maschine:

> „Bei dem von Hubbard weiterentwickelten Gerät handelt es sich in der Basis um eine Wheatstonesche Meßbrücke, welche die emotional bzw. gedanklich bedingten Schwankungen des jeweiligen Ohmwiderstandes im Körper elektrisch mißt. Anklingend an die Wirkung eines Lügendetektors, funktioniert der E-Meter anders, freundlicher, eher als eine Art ‚Wahrheitsdetektor', da nicht nur alle Mißemotionen, vielmehr auch alle Harmonieempfindungen subjektiver Herkunft mit gewissen Fehlerquellen objektiv registriert werden."

Mit Hilfe dieses Gerätes will die Scientology Menschen zur „totalen Freiheit" führen.
Die Stufen zur totalen Freiheit sind allerdings mit gewissen Anstrengungen, vor allem finanzieller Art, gepflastert. Ein für den Außenstehenden fast unübersichtliches Angebot an Kursen, Trainingsstunden und sogenannten Auditings soll den Neuling — bei den Scientologen „Preclear" genannt — zum wichtigen Stadium des „Clear" (Klaren, Freien) führen. Auf dieser Stufe des „Clear" habe der Mensch ein vorher nie erreichtes Maß an Freiheit erlangt. Er sei jetzt fähig, seinen Weg ohne Belastungen aus der Vergangenheit zu gehen. Darüber hinaus gibt es die sogenannten OT (Operating Thetan)-Grade. Verkauft werden Grad I—VIII.
Dazu heißt es dann: „Es gibt weitere Stufen über OT VIII, diese werden aber nach und nach herausgegeben, dann, wenn die Leute bereit dafür sind. Wir sind bereits höher als der Mensch jemals

war und es kann ziemlich stratosphärisch werden" (Rons Journal 30, 17. 12. 1978). Es wird von 14 weiteren Stufen gesprochen.

Als Neuerung wurde auch eine „Neue-Ära-Dianetik" herausgebracht, die aber für „Clears" verboten ist. Für „OTs" wurde eine „Neue-Ära-Dianetik für OTs" geschaffen.

Der E-Meter ist das wichtigste Gerät auf diesem Freiheitsweg. An ihm geschieht das sogenannte Auditing, eine Mischung aus Beichte und Befragung, mit Hilfe dieses „positiven Lügendetektors" (Seidl). Zweck dieser Behandlung: Herbeiführung der „vollkommenen Freiheit" durch Beseitigung von den Verstand (mind) behindernden Fehleindrücken.

Vor einem New Yorker Gericht haben die Scientologen erklärt, beim E-Meter handle es sich um ein religiöses Gerät. Wir hätten es also beim E-Meter mit einer „Freiheit produzierenden Glaubensmaschine" zu tun. Technisch gesehen handelt es sich um eine verfeinerte Wheatstonesche Meßbrücke.

Ein an der Universität Tübingen 1976 erstelltes Gutachten nennt den Scientology-E-Meter jedoch „ein technisch mangelhaftes Gerät zur Ableitung von Hautwiderständen". Gerügt werden veralterte Technologie, wissenschaftliche Nutzlosigkeit und daß es nicht den elektrischen Sicherheitsbestimmungen entspreche. „Bei Anwendung des Geräts mit angeschlossenem Ladekabel kann für den Probanden Lebensgefahr bestehen."

Hubbards Weltanschauung

Hubbards Weltanschauung setzt sich aus unzähligen Elementen unterschiedlichster Herkunft zusammen. In ihr sind Erkenntnisse der Psychologie mit der Wiederverkörperungslehre gemischt (das „Auditing" könne auch angebliche Belastungen aus „früheren Leben" beseitigen). Gedanken, die in der magischen Geheimlehre auftauchen, sind ebenso vorhanden wie Bruchstücke aus anderen Religionen. Ursprung und Urgrund aller Hubbardschen Ideen ist jedoch die von der möglichen Selbstbefreiung des Menschen.

Zuerst hatte Hubbard sich auf dem Heilungssektor bemüht. 1950 war sein Buch „Dianetics, the Modern Science of Mental Health" erschienen. Ein Ereignis, das die Scientologen für so einschneidend halten, daß sich manchmal die Datierung „A. D." = (Anno Dianetico, etwa: „A. D. 15" = 1964) findet.

Aus einer Werbung für Dianetics:

„Warum müde sein? Warum Schmerzen haben? Warum sich

schlecht fühlen? Auditing kann Ihnen Wohlbefinden und Lebensfreude bringen."

Ja, es wird sogar behauptet, für „ganze 70 Prozent aller menschlicher Krankheiten" könne Dianetics merkliche Hilfe geben.

Das Verhältnis von Dianetics zu Scientology wird folgendermaßen beschrieben:

„Dianetics wendet sich an den Körper, Scientology wendet sich an den Thetan (Geist). Während der Thetan Krankheiten produzieren kann, ist es der Körper, der krank ist. Deshalb gebraucht man Dianetics, um Krankheiten, unerwünschte Empfindungen (sensations), Mißemotionen, Somatics, Schmerzen usw. zu beseitigen. Scientology und ihre Grade werden niemals für solche Dinge verwendet. Scientology wird angewandt, um geistige Freiheit, Intelligenz und Fähigkeiten zu steigern und somit das Bewußtsein von Unsterblichkeit hervorzubringen" (HCO-Bulletin vom 24. 4. 69).

Nach Hubbard besteht der Mensch aus dem vergänglichen Körper (body) und dem unvergänglichen Geist (nach scientologischer Sprache „Thetan"). Er ist mit positivem „analytical mind" begabt und mit negativem „reactive mind" behaftet. Von letzterem befreie das „Auditing".

Das Eigentliche am Menschen sei der Thetan, eine Art Geistseele, die sich wieder und immer wieder verkörpern könne. Er sei unsterblich.

Eine besondere Rolle spielen in Hubbards Freiheits-Spiel die sogenannten *Engramme*. Laut Hubbardscher Worterklärung ist ein

„Engramm — der vollständig aufgezeichnete Inhalt eines Augenblicks von ‚Bewußtlosigkeit', der physischen Schmerz oder schmerzliche Emotionen und alle Wahrnehmungen enthält. Er ist die einzige Ursache von Aberrationen und psychosomatischen Krankheiten."

Als „Aberration" gilt bei den Scientologen

„jedes Abweichen von der Rationalität (Vernunft). Wird in der Dianetics als Sammelwort für Psychosen, Neurosen, Zwangsvorstellungen und Verdrängungen aller Art und Klassifikation benutzt."

Dergestalt hat Hubbard seine „Engramme" sozusagen als Quelle alles Bösen entlarvt. Sie sind es, die nach Hubbard den Menschen an der „Totalen Freiheit" hindern, die ihm üble verstandeswidrige Streiche spielen und zu allerlei Fehlhandlungen veranlassen. Sie sind angeblich in einer sogenannten „Notfall-Bank" gespeichert und können nach Hubbard durch das scientologische „Auditing", eine Frage- und Antwort-Technik mit Hilfe des schon genannten E-Meters, ausgelöscht werden. Ein scientologisches Idealgehirn

> „sollte sich an jede beliebige Wahrnehmung, ob aus dem Schlaf- oder Wachzustand, vom Lebensanfang bis zum Tode, erinnern können, sogar an die belangloseste ... es sollte ... immer recht haben und niemals falsche Antworten liefern" (R. Hubbards, Dianetics — die Entwicklung einer Wissenschaft, S. 17/18).

Am Ende aller scientologischen Bemühungen winkt die „totale Freiheit". Hubbards „Sea Org" will solche totale Freiheit für den ganzen Planeten Erde erkämpfen.

Sea-Org

> „Die Sea-Org ist eine einer Bruderschaft ähnliche Organisation, die innerhalb des festgefügten Aufbaus der Churches of Scientology besteht. Im Jahre 1967 formierte L. Ron Hubbard die Sea-Organisation ... Die Sea-Org verfügt auf internationaler Basis über drei Schiffe, 16 Organisationen und hat über 1000 Mitglieder",

heißt es in einem Anfang Dezember 1975 verschickten Anwerbeschreiben aus dem „Sea-Organisation-Office of the Recruiter".

> „Von Anfang an hat die Sea-Org weltweiten Einfluß gehabt ... Die Sea-Org ist eine OT Organisation, deren Ziel es ist, diesen Planeten clear zu machen ..." (aus dem Rekrutierungs-Zettel).

Mitglied in der Sea-Org kann man nach Unterzeichnung eines Sea-Org-Vertrages werden. Er hat die Laufdauer von 1 000 000 000 (i. W.: einer Milliarde) Jahren. Er schließt also die nach Scientologenlehre möglichen Wiederverkörperungen mit ein.

> „Also, was ist 1 Milliarde Jahre für ein Wesen, das nicht altert und das nur wachsen kann, falls es in der richtigen Gruppe ist? Die Sea-Org ist diese Gruppe, die die Menschheit heraufbringen wird und den Menschen befähigen wird, größer zu werden und noch mächtiger als irgend etwas, das das Universum für lange Zeit gekannt hat",

behauptet das Flugblatt „Warum eine Milliarde?".

Demzufolge müßte man die Sea-Org als eine Art organisatorisch-geistiger Turm zu Babel bezeichnen.

Anfang 1978 hieß es in einem Brief der „Scientology Kirche Deutschland" (v. 6. 1. 78): „Es gibt in der Bundesrepublik keine ‚Sea Org' und ich setze Sie hiermit offiziell davon in Kenntnis."

Am 15. 2. gab der Briefschreiber eine Dokumentation heraus, in der er die Gründung der Bewegung in Deutschland durch die Sea-Org bestätigte und fügte als Anlage Erklärungen deutscher Sea-Org-Mitglieder bei. Im März 1978 verschickte die Scientology-Zentrale AOSHDK einen deutschsprachigen Werbebrief über die „Sea-Org". Dort heißt es: „Die Sea Organisation ist unsere beste persönliche und internationale Lösung für einen geklärten Planeten."

Diese Sea-Org ist ein straff durchorganisiertes System mit strengen eigenen Regeln. Vielfach leben die Mitglieder des Sea-Org-Staffs (Stabes) gemeinsam. Bis Anfang 1976 wurde die 3287-Tonnen-Jacht „Apollo" als Flaggschiff benutzt.

Mitte 1974 ging eine Meldung durch die Presse, daß sie unter der Flagge von Panama fahrend mit 342 Personen an Bord, „Männer, Frauen und Kinder, so als wäre es ein kleines Dorf", vor der iberischen Halbinsel kreuze. In der Zeitungsnotiz hieß es:

> „17 verschiedene Firmen haben ihre ‚Meeresfiliale' auf der ‚Apollo' eingerichtet, während ihre Stammhäuser in Madrid, Lissabon, auf den Azoren, den Kanarischen Inseln oder anderswo in der Welt sind. Das Unternehmen, 1968 mit 20 000 Dollar gegründet bei einer Beteiligung von 100 Aktionären, nennt sich OTC (Operation and Transport Corporation Ltd.)."

Ein Landhauptquartier der Scientology befindet sich im Schloß Saint Hill Manor in Südengland. Ein weiteres besteht in Clearwater, Florida, eine weitere wichtige Zentrale in Los Angeles.

Eine Reihe von überregionalen Hauptquartieren („Advanced Organisations") regelt die weitere Arbeit der Scientology-Verbreitung. Einige der höheren Kurse können nur in diesen Stationen gegeben werden. Von ihnen aus werden dann neue Organisationen („Orgs") aufgebaut, nachdem von einzelnen Scientologen vielleicht schon ein Verein oder eine Zweigstelle, eine „Mission" oder eine „Franchise", an einem Ort errichtet worden ist.

In den Orgs gibt es jeweils zwei fast voneinander unabhängige Strukturen. Die eine ist die „Org" selber. Ihre Arbeit ist eingeteilt in sieben Divisionen (Abteilungen), die für die unterschiedlichen Belange zuständig sind. Ein umfangreicher Stab („Staff") von Beamten („Officers") wird nach genauen Vorschriften eingesetzt.

Neben der „Org" arbeitet das „Guardian-Office", das dem Guardian-System untersteht. Dieses Guardian (Wächter)-System ist eine Art Sicherheitsdienst. Seine Mitglieder kümmern sich darum, daß eine „gesicherte Umgebung" besteht und befassen sich mit Kritikern, Feinden etc. An der Spitze dieses Systems steht der „Guardian World Wide". Hubbard lobt das Guardian-System als die erfolgreichste Gruppe, die es „je in den Weiten der Geschichte" gegeben hätte.

Wer im Stab („Staff") der Scientologen mitarbeiten will, kann dieses auf wöchentlicher Basis, mit einem Zwei- oder Fünfjahresvertrag oder durch Abschluß eines sogenannten „Sea-Org"-Vertrages tun.

Zu dem, was neue Staff-Mitglieder studieren, gehört auch die Regelung der Disziplinfrage. Im Kurs „Staff Status I" (deutsche Texte 1973 in München bekannt geworden) wird gefordert:

> „Da Scientology jetzt TOTALE Freiheit bringt, muß sie auch die Macht und Autorität haben, totale Disziplin zu fordern, oder sie wird nicht überleben" (HCO PL, 5. 1. 68).

Zur Aufrechterhaltung solcher totalen Disziplin rät etwa Gründer Hubbard beispielsweise:

> „Setzen Sie auf Unordnung und falsche Berichte so harte Strafen, daß einem schlecht wird, und achten Sie darauf, daß die Strafen erhoben werden" (HCO Policy Letter, 5. 1. 68).

Zuständig dafür ist ein sogenannter „Ethics-Officer". Dieser „Ethik-Beamte" hat ein ganzes System von Strafen und Belohnungen zur Verfügung. Straf- und Belohnungsabzeichen, Geldbußen und Strafarbeiten gehören zu diesem System. Während im besten Zustand („Power") ein 25-$-Kredit für Org-Dienstleistungen und ein goldener Stern am sogenannten „Org Board" verliehen werden, werden für den Strafzustand „Non-Existence" (Nichtexistenz) siebeneinhalb Stunden Wiedergutmachungsarbeit verlangt. Außerdem gibt es als Strafe: „minimale Essenspausen, keine Unterhaltungen, Parties, Gruppenveranstaltungen; dafür einfache Arbeitsuniform oder Kleidung" plus Urlaubssperre. Auf dem „Org Board" erhält der Unglückliche ein schwarzes Fähnchen.

Zwei Strafzustände weiter unten (es gibt drei Belohnungs- und sieben Negativ-Zustände) wird auch noch „Rückzahlung der Summe in bar erwartet, die der Org durch Leichtsinn oder Vernachlässigung wirklich verlorengegangen ist" (HCO Order Nr. 181, München/HCO Policy Letter, 16. 11. 71).

In dem Buch „Übermenschen unter uns" (Frankfurt 1972) berichtet der Ex-Scientologe R. Kaufmann, wie er die Anweisungen für Behandlungen von „Feinden" kennenlernte:

> „Immer wieder las ich die eine Klausel; und an jenem Abend griff ich noch oft danach, um sie anzustarren: ‚Eine Person, die

in den Ethik-Zustand des Feindes zurückgestuft worden ist, gilt als vogelfrei: man darf ihr Eigentum abnehmen, sie in jeder Weise verletzen, ohne daß man von einem Scientologen bestraft wird. MAN DARF IHR STREICHE SPIELEN, SIE VERKLAGEN, SIE BELÜGEN ODER VERNICHTEN!" (a.a.O., S. 143).

Die Scientologen behaupten heute, diese „Fair-Game" („Sauberes Spiel"!)-Regel sei, „da sie völlig mißverstanden wurde und daher unbeliebt war", aufgehoben worden. Ob man dies glauben mag, ist Ansichtssache. Erstens sind die Unterlagen und Anweisungen für den „Clear"-Kurs nicht öffentlich und die Behauptung ist schon von daher nicht wirklich nachprüfbar. Zweitens entspricht diese Regel anderen Scientologen-Grundsätzen, drittens ist der Wortlaut kaum mißverständlich gewesen; es sei denn, man unterstellt, daß etwas anderes gemeint als gesagt war und viertens kann die Regel später wieder eingeführt worden sein.

Gegen Gegner werden lautstarke „Untersuchungen" geführt, die von der Kritik an der eigenen Gruppe ablenken sollen. Es gibt dafür besondere Anweisungen Hubbards.

Neuerdings sind in den USA durch eine legale FBI-Aktion Unterlagen über die Aktionen der Sekte gegen ihre Kritiker zutage gefördert worden, die von nahezu unglaublichen Schandtaten und Verbrechen Zeugnis geben.

In einer Scientology-Anweisung heißt es:

> „Diese Gruppe duldet keine Versuche, Leute vom Auditieren abzuhalten, sie davor zu warnen, Lügen darüber zu verbreiten, oder dem einfach gleichgültig gegenüberzustehen. . . . Diese Gruppe lehnt es ab, Scientology bei Außenstehenden zu kritisieren oder schlechtzumachen. Diese Gruppe macht der Presse keinerlei Mitteilungen über Scientology" (HCO Policy Letter, 20. 10. 61, revised 7. 3. 67).

„Diese Gruppe" hat auch einen sogenannten Ehrenkodex, der mit dem christlichen Glauben in keiner Weise mehr zu vereinbaren ist. Dort heißt es u. a.:

„4. Setze Dich niemals selbst herab und verkleinere nie Deine Stärke oder Macht.
5. Benötige niemals Lob, Bewunderung oder Mitleid.
6. Schließe niemals Kompromisse mit Deiner eigenen Realität.
7. Erlaube niemals, daß Deine Zuneigung verunreinigt wird.
8. Gib und empfange keine Kommunikation, wenn Du nicht selbst es wünschst.

9. Deine Selbstbestimmung und Deine Ehre sind wichtiger, als Dein unmittelbares Leben ...
10. Bedaure niemals das, was gestern war.
11. Das Leben ist heute in Dir, und Du machst Deine Zukunft.
12. Fürchte niemals, einem anderen in einer gerechten Sache weh zu tun ..." (L. Ron Hubbard).

Besonders der letzte Grundsatz hat in der Menschheitsgeschichte schon viel Unheil gebracht. Weder die Inquisitoren noch die KZ-Wächter haben sich gefürchtet, „einem anderen in einer gerechten Sache weh zu tun". Es dürfte nur wenige Menschen und Systeme geben, die ihre Sache nicht für eine „gerechte Sache" halten.

Die „Kirche"

Lange nach der Schaffung von Dianetics und Scientology wurde aus Scientology plötzlich eine Kirche. Hubbards Widersacher sahen darin den Versuch, lästigen behördlichen Nachprüfungen zu entgehen. Eine Religionsgemeinschaft hat nun einmal größere Freiheiten als eine Firma, die Kurse verkauft.

Vermutlich hatte man eine schon vorher bestehende „Church of American Science" (oder so ähnlich) übernommen, die im religionsgesetzlich überaus liberalen Kalifornien existierte. In Kalifornien gibt es auch die „Church of Satan" (Satanskirche), die auch als Religionsgemeinschaft eingetragen ist. Regelungen dieser Art sind jedoch für andere Staaten nicht verbindlich.

Nach und nach sind in der Scientology alle Stücke aufgetaucht, die für eine „Kirche" notwendig sind. Ein Kult, Gebete, ein Glaubensbekenntnis, Priester mit Amtskleidung.

Doch der sogenannte „Gottesdienst" sowie die Zeremonien, ebenso wie das Glaubensbekenntnis, wirken äußerst steril und erwecken nicht den Eindruck, als ob es sich um gewachsene religiöse Stücke handle. Klar erkennbar wurden vor allem in den christlichen Kirchen vorhandene Stücke nachgeahmt oder nachempfunden oder als Muster genommen. Das gilt auch für die Amtstracht und einzelne Bestimmungen. Daß das Kreuzsymbol der Scientologen ein buddhistisches Symbol sein soll, hat schon manche Verwunderung erregt. Von den Scientologen wird jedoch abgestritten, daß es zusammenwirkend mit dem Begriff „Kirche" täuschend auf eine normale Kirchengemeinschaft hinweisen soll.

Der Kaufpreis für die unterschiedlichen Kurse und das Auditing wird als „Mitgliedschaftsbeiträge" in unterschiedlichen „Mitgliedsstufen" ausgegeben.

In den Jahren 1976 bis 1978 wurden die Kurse monatlich um jeweils fünf Prozent verteuert. Bei einigen Dienstleistungen der Scientology ist diese Preiserhöhungsmethode weiterhin in Geltung.

Zwar wird damit geworben, daß man sein Geld bei „Nichtgefallen“ wieder zurückerstattet bekäme, jedoch hat die Münchner Org eine besonders erschwerte Form der vertraglich zugesicherten Kostenerstattung. Wer sein Geld wiederhaben möchte, muß u. a.:
vor dem „Ethik-Officer“ eine Erklärung abgeben, eine vom Notar beglaubigte Erklärung vorlegen, ein Formblatt ausfüllen, vom Leiter der „Qualifikationsabteilung“ sich eine Erklärung ausstellen lassen und eine Bearbeitungsgebühr zahlen.
Der Antrag kann zurückgewiesen werden, wenn „die nötigen Papiere und Dokumente nicht in Ordnung sind“, wenn der Antragsteller „die Kirche hintergangen hat“, wenn er versucht habe „Dienstleistungen in der Absicht zu erhalten, später eine Rückzahlung zu verursachen und der Kirche damit Schwierigkeiten zu bereiten“, wenn er sie „aus anderen Gründen gekauft hat als aus dem Verlangen nach persönlicher Verbesserung entsprechend seines Vertrages“, „wenn irgendeine Drohung, Nötigung oder Einschüchterung von seiten des Antragstellers verursacht wurde“.
Ja schließlich kann die Rückzahlung nach Ansicht der Org auch dann verweigert werden, „wenn es irgendeinen anderen Grund gibt, warum die Person den Service, den sie gekauft hat, nicht bekommen oder nicht beenden konnte, z. B. wenn die Leistung nicht erhältlich war“, und „wenn es irgendeinen anderen Verstoß gegen den ursprünglichen Vertrag gibt“.
Offensichtlich möchte die „Kirche“ es erschweren, Geld wieder zurückzahlen zu müssen.

Verbreitung und Konflikte

Die Scientologen haben u. a. behauptet, ihre „Religion“ sei die am schnellsten wachsende Religionsgemeinschaft, die es zur Zeit gibt. Doch neuerdings scheinen sie zu sehen, daß es gerade in Asien stärker wachsende Neureligionen gibt. Etwa 15 bis 20 Millionen Menschen sollen von Hubbards Heilsmethoden erfaßt worden sein. Die Zahlen sind fragwürdig und nicht überprüfbar. Für Deutschland werden 60 000 Mitglieder angegeben. Viele Kurs-Käufer haben sich bald abgewandt. In vielen Fällen hatten sie auch nicht gemeint, mit dem Kurskauf „Mitglied“ der Scientology Kirche geworden zu sein.

Die Scientology-Bewegung ist vor allem in Ländern der westlichen Welt verbreitet. In Großbritannien, Südafrika, Australien, Neuseeland gab es schon öffentliche Untersuchungen.
In den USA hat es seit Jahren schwere Auseinandersetzungen gegeben. Justiz, Food & Drug Administration, Internal Revenue Service und andere Dienststellen, zuletzt das FBI, mußten sich mit Scientology beschäftigen und gerieten in scharfe Auseinandersetzungen. In einer von Scientology als „gesetzwidrig" angeprangerten, von den Gerichten jedoch als rechtsmäßig bestätigten Durchsuchung in scientologischen Hauptquartieren kamen 1977 Materialien zutage, die ein derartiges Vorgehen der Scientology gegen die „Gegner" dokumentierte, daß sich daraufhin führende Leute der Scientology (darunter Hubbards Frau Mary Sue) vor Gericht verantworten müssen.
Die aggressiven Methoden der Scientology werden auch immer wieder zu Konfrontationen führen. Scientologische Aktivitäten sind auch das Drogenrehabilitationsprogramm „Narconon e. V.", das sich ungewöhnlich hohe Erfolgsquoten zuschreibt, jedoch von Drogenfachleuten schon stark kritisiert wurde, eine „Kommission für Polizeireform", eine „Kommission für Verstöße der Psychiatrie gegen Menschenrechte", sowie Toleranz-Vereinigungen, die anscheinend vorrangig gegen Scientology-Kritiker vorgehen (wie eine „Vereinigung zur Humanisierung religiös-ideologischer Konflikte" oder eine „Union für Humanität gegenüber Religionen und Minderheiten", jetzt: „Gesellschaft zur Förderung religiöser Toleranz und zwischenmenschlicher Beziehungen").
Neuerdings tritt Scientology mit zwei weiteren Aktivitäten auf: Eine Gruppe „F. SEF. — Freunde des ‚Sichere Umgebung Fonds'" sammelt Geld, um einen „Beitrag zur Sicherung der Religionsfreiheit" zu leisten. Es ist damit zu rechnen, daß mit diesem Geld Attacken gegen Kritiker finanziert werden sollen.
Gefährlicher ist das Auftreten einer Gruppe, die sich „ZIEL e. V. — Zentrum für individuelles und effektives Lernen" nennt und die Hubbards Methoden jetzt unter der Firmierung als Lehr- und Lernhilfe verkauft. Unter diesem Hubbard-Verein werden auch Schulkinder missioniert.

Beurteilung aus christlicher Sicht

Der Arbeitskreis der VELKD für Freikirchen und Sekten kam nach der Beschäftigung mit Scientology und der Sea-Org zu dem Schluß: „Scientology ist eine späte modernistische Weltanschauung mit geringen religiösen Elementen. Religion wird als ‚Studium der Weisheit' verstanden." Es muß wohl in der Tat bezweifelt werden, ob Scientology eine Religion im üblichen Sinne des Wortes ist. Eine Religionsgemeinschaft hat im allgemeinen besondere rechtliche und steuerliche Vergünstigungen. Es ist daher zu fragen, ob die Errichtung einer „Scientology Kirche" nicht auch unter diesem Aspekt betrachtet werden muß.

Die religiösen Zeremonien der Scientology „Kirche" sind nach christlicher Auffassung ungültig. Sie können also kirchlicherseits nicht anerkannt werden. Die christlichen Kirchen werden prüfen müssen, ob eine aktive Teilnahme an diesen Zeremonien nicht als Lossagung von der christlichen Konfession, der man bisher angehörte, verstanden werden und ob, trotz ständiger gegenteiliger Beteuerungen seitens der Scientologen, die Übernahme bestimmter Funktionen in der Gemeinschaft nicht ebenfalls als Trennungshandlung gewertet werden muß. Besonders der scientologische Ethik-Begriff ist mit dem christlichen nicht vereinbar.

Die schon zitierte Stellungnahme des VELKD-Arbeitskreises kommt zu dem Schluß: „Die Teilnahme an der Zeremonie der Namensgebung oder der Vollzug dieser Handlung an eigenen Kindern muß als Selbstausschluß von den kirchlichen Rechten angesehen werden. Dies gilt in besonderem Maße für die Annahme der ‚Ordination'."

Bei Scientology handelt es sich um eine Weltanschauung zur Selbsterlösung und Selbstbefreiung. Die von Hubbard den östlichen Religionen entlehnte Wiederverkörperungslehre verschärft in ihrer Einbettung in das scientologische System nur die Distanz zum christlichen Glauben, Scientology trägt nach Hinweisen der Gemeinschaft selber stark religionsmischerische (synkretistische) Züge.

Was von der Hubbard-Lehre zu halten ist, zeigt die Überlegung, daß ein einziger „OT VIII" fähig sein müßte, die ganze Welt zu „heilen", da er angeblich über Materie, Raum und Zeit Macht habe. Dann aber wären Scientology und Dianetics überflüssig.

Es ist wegen des gesamten Systems nicht empfehlenswert, sich an Kursen oder Training der Gruppe zu beteiligen oder irgendeine Form „seelsorgerlicher Beratung" von ihr anzunehmen.

Wenn Scientology als Religionsgemeinschaft behandelt werden will, muß sie als nichtchristliche Sekte angesehen werden.

Die sehr umstrittene Person des Gründers fällt bei alledem weniger ins Gewicht als die Lehrinhalte und Handlungsweisen der Gemeinschaft und ihrer aktiven Mitglieder.

Wer sich auf den „Weg zur Totalen Freiheit“ mit Hilfe von Scientology begibt, läßt sich auf ein Abenteuer ein, das er gar nicht übersehen kann. Die Inhalte der höheren Kurse kennt er nicht, sie sind geheim. Man wird ihm vorhalten, er könne sie noch gar nicht verstehen. Es wird also eine Glaubensleistung von ihm verlangt.

Der Glauben an Hubbard und die Sea-Org und an die von ihnen propagierte Lehre und Methoden läßt sich jedoch mit dem christlich-biblischen Glauben nicht in Einklang bringen. Ethik wird von Hubbard wie folgt definiert:

> „Ethik ist die Vernunft und die Betrachtung im Hinblick auf optimales Überleben“ (Scientology Religion des zwanzigsten Jahrhunderts, o. J.).

Nimmt man Hubbard ernst, müßte sich dieses Überleben auf den unsterblichen „Thetan“ beziehen. Der aber wäre sowieso unsterblich.

Dem christlichen Ethos entspricht diese Ethik ebenso wenig, wie dieses „Überlebensziel“ mit dem christlichen in Einklang zu bringen ist.

Prozesse

Ein Hinweis aus dem VELKD-Papier wird durch besondere Presserundschreiben der Scientologen bestätigt: „daß die Entwicklung von Scientology von scharfen Auseinandersetzungen und einer Vielzahl von Prozessen begleitet war“.

Mit besonderen Pressemitteilungen versuchten die Scientologen selber auf die von ihnen geführten Prozesse aufmerksam zu machen. So ließ die Münchner Gruppe beispielsweise am 3. 9. 74 wissen, daß sie an einem und dem gleichen Tag vor ein- und demselben Gericht verklagte: Die Max-Planck-Gesellschaft, einen Angestellten der Rechtsabteilung der Max-Planck-Gesellschaft; den Direktor des Max-Planck-Institutes für Psychiatrie in München; die Bundesrepublik Deutschland, vertreten durch das Bundeskriminalamt; den Chef des Bundeskriminalamtes; zwei namentlich genannte Beamte des BKA; den Bundesminister für Jugend, Familie und Gesundheit und den Bundesminister des Inneren. Anlaß war ein Bericht des Bundeskriminalamtes, das sich mit der Sekte beschäftigen mußte. Zuvor waren die Genannten zum Teil von Zweitorganisationen der Scientology in mehreren ausländischen Staaten mit teilweise horrenden Prozeßstreitwerten verklagt worden (in den USA an mehreren Orten, in Kanada, Großbritannien, Dänemark etc.).

Obwohl Hubbard behauptet, Kritik sei ein gutes Recht jedes Menschen, scheinen die Scientologen jedoch nicht zu dulden, daß sie selber kritisiert werden. Es dürfte kaum einen kritischen Artikel über die Scientologen gegeben haben, bei dem die Sekte nicht eine Gegendarstellung verlangt hat. Manchmal noch über ein Jahr danach.

Vielleicht haben die Prozesse und vor allem die Propaganda mit den Prozessen die Aufgabe, mögliche Kritiker abzuschrecken.

Über Kritiker behauptet Hubbard in einem Aufsatz: „Der Kriminelle scheut das Licht. Und wir sind das Licht... Wann immer wir den Hintergrund einer Kritik an Scientology untersucht haben, fanden wir strafbare Handlungen, für die die Person oder Gruppe — gemäß den existierenden Gesetzen — hätte ins Gefängnis kommen können. Wir fanden niemals Kritiker der Scientology, die keine kriminelle Vergangenheit hatten. Immer und immer wieder beweisen wir das."

In dieser kaum als normal zu bezeichnenden Selbsteinschätzung dürfte der Schlüssel für die Aggressivität der Scientology gegen Kritiker zu sehen sein.

Die „Aktion Bildungsinformation" (A.B.I.) Stuttgart hat den Scientologen durch rechtskräftige Urteile das Ansprechen von Straßenpassanten zu Werbezwecken verbieten lassen. Prozesse der Scientologen gegen A.B.I. schlugen hingegen fehl. Die Unterlagen über diese Auseinandersetzungen können von A.B.I., Alte Poststraße 5, 7000 Stuttgart 1, bezogen werden.

„Divine United Organisations" (DUO) / Die „Divine Light Mission" (DLM)

Die „Divine Light Mission" (Mission des göttlichen Lichtes) wurde 1960 vom Vater des Guru Maharaj Ji, Sri Hans (vermutlich ist hinter dem Namen das Mantra „Han(m)-sja" zu sehen), gegründet. Sie ist heute eine Bewegung zur Verbreitung der Lehren des indischen Guru-Jünglings „Satguru Dev Param Hans Balyogeswar Sri Sant Maharaj Ji" (geb. 16. 12. 1957). Das ist kein Name, sondern eine Anhäufung von Titeln und bedeutet in etwa „Wahrer göttlicher Vertreiber der Dunkelheit, Enthüller des Lichtes, Höchste Seele, geborener Herr aller Yogis, Verehrungswürdiger Heiliger, großer König". Sein bürgerlicher Name lautet Prem Pal Singh Rabat.

Im November 1970 hatte der jüngste Sohn eines verstorbenen Religionsführers einer Art Hindusekte seine „Friedens-Atombombe" gezündet, mit der er die Mission in Europa und den USA einleitete. Die Idee scheint von der Mutter ausgegangen zu sein. Der Inhalt der Missionsbemühungen ist letzten Endes nicht die Verbreitung einer Lehre, sondern die Verehrung des Meisters.
Das Versprechen, mit dem die Guru-Anhänger werben, lautet: Erkennen wer man wirklich ist, Frieden finden, die vollkommene Ruhe beim Meister (Guru) zu finden. Darüber hinaus wird eine Meditationsmethode verbreitet, bei der die Neulinge vier Dinge meditieren und erleben sollen: das göttliche Wort, das göttliche Licht, die göttliche Musik und den göttlichen Nektar.
Im Jahr 1976 wurde der Divine Light Mission die „vorläufig" gewährte Gemeinnützigkeit gestrichen. Es ist aufgrund der Lage der DUO/DLM derzeit kaum mit lautstarker öffentlicher Wirksamkeit zu rechnen. Bei Veranstaltungen wird meist der Name „Divine United Organisations" (DUO) benutzt. Die Zentrale befindet sich in Berlin.

Die Ashrams

Ashram bedeutet wörtlich „Schutz". Gemeint ist der Schutz der Gemeinschaft. Die Anhänger des Guru Maharaj Ji werden „Premies" (Gott Liebende) genannt. Die Verheirateten und Älteren bleiben oft bei ihren Familien und üben dort die DLM-Meditation aus. Jüngere Premies ziehen jedoch oft in einen der „Ashrams". Als Ashram kann eine angemietete Wohnung oder Villa dienen. Dort leben die Guru-Jüngerinnen und Jünger nach den Regeln der geschlechtlichen Enthaltsamkeit, vegetarisch, besitzlos (wird aber nicht ganz so streng wie bei anderen Gemeinschaften eingehalten) und enthaltsam hinsichtlich Alkohol- und Nikotingenusses. Die Teilnahme am täglichen „Satsang" ist Pflicht. Unter Satsang versteht man einen belehrenden Missionsvortrag, der jeden Abend in einem besonderen Raum gegeben wird.
In diesem Satsang-Raum befindet sich ein Fußbodenaltar mit einem Bild des Gurus, manchmal steht das Bild auch auf einem imitierten Thronsessel.
Vom Ashram aus gingen manche der Premies ihrem erlernten Beruf oder Studium nach. Es kommt jedoch auch vor, daß junge Menschen ihr Studium aufgeben und vollkommen in den Dienst der Gemeinschaft treten.
Der Kontakt zur Familie beschränkt sich auf ein Minimum und

hört bei Widerstand seitens der Angehörigen gegen die Bewegung meist gänzlich auf.
Neben den Ashrams gibt es auch einfache Premie-Wohngemeinschaften.

Der Guru

Ein Guru ist ein geistiger Führer, ein hinduistischer Meditations- oder Weisheitslehrer. Guru Maharaj Ji wird von seinen Premies auch als Gott verehrt. „The Lord of the Universe", Herr des Universums, ist einer seiner Titel. „Lord" ist auch das gebräuchliche Wort für Gott.
Gottes-Verehrung strahlt aus den Songs entgegen, mit denen er verherrlicht wird:

> „Gnädig bist Du, mein Herr / Ruhe und Frieden kommen von Dir / Meer des Mitleids, Beherrscher des Universums / Heilig ist Dein Name / In Dir liegt die Befreiung."
> „Der Guru ist der Vater des Alls / der Schöpfer der Liebe / der Herr des Universums" und „Bibel, Koran, Ramayana und Gita / Singen Deines Namens Ruhm" etc.

Wenn der Guru von Gott redet, bleibt immer etwas unklar, was er wirklich meint. Sein Anspruch ist, der „lebende vollkommene Meister für unsere Zeit" zu sein und damit nach seinen Lehren gleichbedeutend mit Krisna, Buddha, Jesus und Mohammed, die alle zu ihrer Zeit solche „vollkommenen Meister" gewesen wären. Nur, da er lebt, ist er für unsere Zeit seiner Meinung nach natürlich viel wichtiger.

In den Werbeflugblättern wird der Guru verherrlicht:

> „Die ganze Welt ist ein Strudel von Leiden, Verwirrungen, Zweifel und Angst, aber in der Mitte ist vollkommene Ruhe und Frieden, ist Guru Maharaj Ji, der lebende vollkommene Meister dieser Zeit." „Guru Maharaj Ji gibt uns das vollkommene Wissen um den Einen Weg . . . Wer dieses Wissen praktiziert, ist mit Gott vereinigt."

Der Guru, der seinen Anhängern verspricht „Ich kann dir Gott zeigen", wird von seinen Anhängern selber vergottet. Eine „Presse-Information" der DLM spricht es klar aus: „Seine Anhänger sehen in ihm eine direkte Inkarnation des Herrn, so wie es Jesus, Buddha, Mohammed und Krisna waren."
1974 heiratete der damals 16jährige Guru seine acht Jahre ältere amerikanische Sekretärin. Sie wird von den Guru-Anhängern als Durga Ji verehrt.

Mit der Eheschließung kam es zu Schwierigkeiten innerhalb der „heiligen Familie". Im Mai schon wurden die Premies in einem vertraulichen Brief darauf hingewiesen, daß auch Mitglieder der Familie nicht ohne des Guru Zustimmung Anweisungen geben dürften. Am 26. Oktober 1974 wurde der vorher als „Mutter der Schöpfung" verehrten Mutter Mata Ji, dem ältesten Bruder Bal Bhagwan Ji und dem jüngsten Bruder Bhole Ji („Verkörperung der Musik und des Tanzes") „Mißbrauch der legalen Autorität" vorgeworfen. Guru Maharaj Ji zu seinen Premies: „Ich wünsche, daß kein Premie mit solchen Leuten zusammenarbeitet ..."
Der Sekretär des Guru: „Was immer Maharaj Ji tut, ist für das Wohl der Menschheit. Ob er heiratet, ob er dieses oder jenes tut — es ist zu unserem Wohl. Und es scheint wirklich offensichtlich, daß Maharaj Ji jetzt alles in die Hand genommen hat; er ist jetzt unabhängig" („Premie" 7. Februar 1975).
Die Antwort der Mutter: sie setzte den Guru wegen „playboyhaften Lebenswandels" ab und seinen ältesten Bruder als Nachfolger ein. Die europäische Anhängerschaft folgt weiterhin dem „kleinen Guru".
Dieser gab seinen Anhängern folgende Erklärung: „Es ist komisch und lächerlich, zu behaupten, man habe mich meiner Funktion enthoben ... Niemand erschafft einen Guru. Er existiert aus sich selbst heraus. Niemand kann einen Guru machen, außer der Guru selbst. Ich gebe meinen eigenen Job nicht auf. Diese Anschuldigungen haben mich nicht geändert. Sie werden nur bewirken, daß der Vollkommene Meister noch vollkommener wird" (Premie 9, Mai 1975).

Lehre

In der Zeitschrift „Materialdienst" beurteilt M. Mildenberger von der EZW die Lehrgrundlage der DLM:

> „Insgesamt scheint den Vorstellungen der Divine Light Mission am ehesten eine verwaschene und ins Universalistische gewandte Advaita-Philosophie zugrunde zu liegen. Also jene klassische hinduistische Überzeugung, nach der Brahman, der göttliche Urgrund allen Seins, und Atman, der innerste Kern des Menschen, eins sind, und deren religiöses Streben danach geht, in der Erleuchtung dieser Einheit inne zu werden" (MD 21/73).

In der Tat betont der Guru immer wieder, daß das Göttliche im Menschen liege. Dieses Göttliche werde er seinen Jüngern zeigen: in der Form des göttlichen Lichtes.

Dieses „göttliche Licht“, Knowledge (Wissen), wird durch Meditation erlangt. In diese Meditation weihen der Guru oder seine Mahatmas (Mahatma = höchste Seele, eine Art Apostel der Bewegung) bzw. seine Initiatoren ein. Knowledge kann nur in Verbindung zu Maharaj Ji erlangt werden. Knowledge sei „Liebe und Schönheit und Vollkommenheit“. Es „offenbart sich allen, die es ernsthaft praktizieren“. Es wird durch Einweihung geweckt und sozusagen im Vollzug erworben.
Garant des Heils durch Knowledge ist der Guru. Alle Religionen, alle heiligen Bücher, Aussprüche von Religionsstiftern werden auf ihn bezogen. Er ist der eigentliche Mittelpunkt der Lehre.
Darum hängen die Premies so an dem jungen Inder, der ein Luxusleben mit Rolls-Royce und Privat-Jets führt: In ihm ist Gott gegenwärtig, weil er die Verbindung zwischen menschlichem Ich und Gottheit am vollkommensten darstellt. Gemäß der Wiederverkörperungslehre ist er eine Wiedergeburt aller „vollkommenen Meister“ vor ihm.

Knowledge

Als Guru Maharaj in den letzten Augusttagen 1975 sein „Guru Puja“-Fest feierte und die Anhänger „Verehrung seinen Lotosfüßen entgegenbringen“ durften (wobei jeder ihm eine Geldspende überreichte, „damit er sich etwas kaufen kann, was ihm gefällt“), teilte sehr zum Mißfallen der 8000 Anwesenden ein Einzelkämpfer auf einem Flugblatt die streng geheim gehaltenen Knowledge-Anweisungen mit:

„1. Ziehen Sie sich eine Decke über den Kopf. Dann beobachten Sie Ihren Atem und lenken ihn vom Unterbauch in den Kopf zurück. Dabei können Sie den Kehlkopf leicht anziehen. Das soll der christliche Logos sein. Dabei sitzen Sie im Schneidersitz und haben die Hände auf den Knien, wobei Sie die Finger abspreizen und mit Daumen und Zeigefinger ein O bilden (30 Minuten) . . . Logos . . .

2. Stützen Sie, wieder unter der Decke, Ihre Arme auf ein T-förmiges Holzinstrument nach dem Muster der alten Weisen Indiens. Dann fassen Sie mit der linken Hand unter Ihr rechtes Armgelenk. Drücken Sie nun mit dem rechten Zeigefinger auf die Stelle zwischen den Augenbrauen. Mit dem rechten Daumen drücken Sie von unten auf das geschlossene rechte Auge, mit dem rechten Mittelfinger von unten auf das

linke Auge. Wenn Sie dann Licht sehen, soll das das Göttliche Licht sein . . . 15 Minuten lang.

3. Drücken Sie mit beiden Daumen die entsprechenden Ohren zu und legen Sie die Hände an die Schläfen. Dann konzentrieren Sie sich auf das rechte Ohr. Wenn Sie dann das Blut rauschen hören, so müssen Sie eben warten, bis Sie eventuell später die himmlische Musik der Sphären hören . . . 15 Minuten lang.
4. Legen Sie Ihre Zunge nach hinten, möglichst hinter den Gaumen. Dort lassen Sie sie bitte immer, außer beim Sprechen und Essen.

... Weitere Weisheiten sind etwa, daß der Sitz der Seele in der Leber sei etc. . . .“

Aktivitäten

In den ersten Jahren ging von den Ashrams eine große Zahl von Aktivitäten aus. Es wurden Flohmärkte abgehalten, Gesundkostläden und Tee-Shops betrieben, einige hatten regelrechte kleine Produktionsstätten. Diese Aktivitäten werden teilweise privat weitergeführt, sind meistens jedoch eingestellt worden.
Zwei große Feste führen jährlich möglichst viele der Premies aus der ganzen Welt zusammen. Einmal „Hans Jajanti“, ein Fest, das im November zu Ehren des 1966 verstorbenen Vaters des Guru, Sri Hans, gefeiert wird. 1973 wurde dieses Fest als „Millennium ’73“ im Astrodrom von Houston, Texas, veranstaltet. Das zweite Fest ist das „Guru Puja“, das in der Jahresmitte als Freudenfest für den Guru gefeiert wird. „Guru Puja ist das Friedensfestival des Jahres, das von den Schülern des Vollkommenen Meisters zu seiner Verehrung gefeiert wird.“ Tausende ziehen zum Abschluß des Guru Puja an ihrem Idol vorüber und küssen seine „Lotos-Füße“.
In vielen Fällen geben „Premies“ Berufsverhältnisse auf, die ihnen nicht gestatten, zu den Guru-Festen zu fahren, was bei in anderen Kontinenten stattfindenden oft längere Zeit benötigt. Darüber hinaus ist die finanzielle Belastung durch Reisekosten, Eintrittsgelder und Geschenksummen recht groß.
Die „Divine Light Mission“ hatte auch ein „World Peace Corps“ eingerichtet, das öffentliche Veranstaltungen durchführt. Es gibt eigene Film- und Schallplatten-Produktionsgesellschaften und anderes mehr.
Mit der Umstrukturierung in der Leitung der DLM wurde die öffentliche Arbeit der Premies ebenfalls verändert. Nach einer

mehrmonatigen Missionspause wurde in Frankfurt auf der Zeil ein „Kommunikations- und Propagationsobjekt" eröffnet: für Satsang, Sensitivitytraining, Tiefenentspannungsübungen und Kunstausstellungen. Man wollte weg vom „Image einer Sekte". „Jeder wird uns verstehen, wenn wir beginnen, das Knowledge zu propagieren und nicht Guru Maharaj Ji, denn die Beziehung zu Maharaj Ji ist für jeden eine sehr persönliche Sache. Wir wollen schließlich niemanden mit unseren Vorstellungen vor den Kopf stoßen, sondern die Menschen langsam zu einem Verständnis dieses wunderbaren Geschenks führen" („Premie" 7. Februar 1975). Trotzdem ist die Verehrung des Guru der absolute Mittelpunkt der Gemeinschaft.

Schon vor der Auflösung trat immer stärker die DUO (Divine United Organisation) in den Vordergrund. Das mag daran liegen, daß in der DLM der Einfluß der Familie zu groß war und die DUO stärker auf Maharaj Ji zugeschnitten ist.

Bei einer inzwischen durchgeführten Reform wurden die ehemaligen „Mahatmas" zu „Initiatoren" umbenannt und die Übermittlung des „Knowledge" an einen mehrere Stufen umfassenden Einführungsweg gebunden.

Wertungen

Die Urteile über die DUO/DLM sind höchst unterschiedlicher Art. Eine kirchlich engagierte Redakteurin des WDR beruhigte einen Vater, der sich Sorgen um seinen Sohn machte:

> „1. handelt es sich ... um eine religiöse Bewegung, in etwa den Johannes-Bewegungen im 2. nachchristlichen Jahrhundert zu vergleichen. Sie will den Menschen einen durch Meditation direkt erfahrbaren Weg zu Gott weisen.
> 2. Maharaj Ji wird als heiligmäßiger Jüngling verehrt. Er selbst hat von sich nie behauptet, Gott zu sein. Seine Aufgabe sieht er lediglich darin, Mittler des Wortes Gottes zu sein ..."

Das Fazit der Redakteurin: es handle sich bei DLM um einen „für viele von uns schwer begreifbaren Versuch, sich auf das Wort Gottes zu besinnen". Sie verweist dabei auf die mittelalterlichen Klöster und rühmt, daß diese Bewegung „nicht mit ihrer Überzeugung Geschäfte macht". Gerade an diesem Punkt herrscht sonst bei den Betrachtern eine gegenteilige Meinung.

Viele Besucher der Ashrams sind von der Hingabe beeindruckt, mit der die jungen Premies ihren göttlichen Meister verehren. Sie sind überrascht von dem Einsatzeifer, von der willigen Befolgung der

Ashram-Gebote und der Freundlichkeit, mit der diese jungen Leute sich für ihre Besucher Zeit nehmen. Unter den Premies befinden sich einige ehemalige Anführer linksradikaler Bewegungen, die nun für das „göttliche Licht" werben.

Man muß zwischen drei Dingen unterscheiden: den Guru Maharaj Ji als Person, seiner religiösen Stellung bzw. seinen Glaubensverkündigungen und -ansprüchen und der Sehnsucht der jugendlichen Anhängerschar.

Die religiösen Ansprüche müssen vom christlichen Glauben aus zurückgewiesen werden. Daß der Guru die Bibel mißbraucht, mag daran liegen, daß er sie gar nicht verstehen kann. Auch die für den Christen gotteslästerliche Gleichsetzung mit Christus kommt wohl eher aus Unkenntnis als aus Berechnung. Der Guru verkündet etwas vollkommen anderes als Jesus Christus. Es muß ihm Leichtfertigkeit im Umgang mit dem Glaubensgut anderer Religionen vorgeworfen werden.

Über die Premies wird man sich Gedanken machen müssen. M. Mildenberger von der Evangelischen Zentralstelle für Weltanschauungsfragen:

> „In Gesprächen mit Anhängern der Divine Light Mission, in der naiven Leichtgläubigkeit, mit der die Schaumschlägereien des indischen Knaben hingenommen werden, bekundet sich immer wieder ein rapider Verfall geistiger Differenzierungs- und Kritikfähigkeit. Guru Maharaj Jis Premiegarten steht keinesfalls allein damit da. Aber die Symptome sind hier besonders deutlich" (MD 22/73).

Die jungen Menschen, die im Ashram Zuflucht suchen, sind meistens Studierende, Oberschüler, Angehörige des Mittelstandes. In der Tat drängt unsere Welt, es gibt viele Einzelbeispiele, zu einem „rapiden Verfall geistiger Differenzierungs- und Kritikfähigkeit". Sie ist eine Normgesellschaft. Auch im geistigen Bereich. Doch vermutlich fliehen die jungen Menschen gerade vor dieser Norm-Gesellschaft, die ihnen keine seelische Heimat, kein Nestgefühl zu bieten vermag. Mildenberger stellt dazu fest:

> „Guru Maharaj Ji hat eine Reihe von religiösen Urwörtern aufgegriffen und plakativ in den Vordergrund gerückt: Friede, Glück, Wahrheit — aber auch Leiden, Dunkelheit. Es sind Wörter, die stark emotional aufgeladen sind und auf einer rational gar nicht mehr faßbaren Ebene elementare Entscheidungen herausfordern. Sie kommen zweifellos einer Grundstimmung vieler, vor

allem junger Menschen in diesen frühen siebziger Jahren entgegen" (MD 21/73).

Ein Kind bzw. ein Jüngling als Retter vor der hochtechnisierten Computerwelt — das kann wirklich nur gefühlsmäßig und nicht verstandesmäßig geglaubt werden. Gerade mit seiner naiven und einfachen „Komm zu mir — bei mir wirst Du Frieden finden!"-Werbung zieht er magnetisch die jungen Menschen an, die sich in ihrer Welt seelisch erkältet haben. Er bietet Nestwärme und geistige Einfachheit. Diese geöffneten Arme kennen keinen Numerus clausus.

Plötzlich wird alles Komplizierte bedeutungslos. Nur noch das eigene Dasein an der bergenden Brust des jungen Heilandes ist im Blickfeld, und das Ziel, dieses erlebte Glück weiterzuverbreiten.

Es kann dann durchaus geschehen, daß junge Menschen für ihre Umwelt unansprechbar werden. Eine Mutter, deren Tochter ins Ashram gegangen war, erkannte das Kind fast nicht wieder:

„Wir bekamen keinerlei menschlichen Kontakt mehr mit unserer Tochter. In Anwesenheit anderer Jugendlicher erklärte sie uns sehr ruhig, aber fanatisch, wir sollten sie in Ruhe lassen, sie müsse ihren Weg gehen. Da wir unsere Tochter nur als normales und fröhliches Mädchen kannten, erschreckte uns diese Wesensveränderung sehr. Sie behandelt uns wie Fremde, worunter auch ihre kleine Schwester sehr leidet" (August 1973).

Dieser „ruhige Fanatismus" ist in der Tat kennzeichnend für die Entschlossenheit der Neubekehrten. Hier ist die Mutter nicht mehr Mutter, sondern ein Feind, der den gewonnenen Seelenfrieden zerstören will und sie aus der Geborgenheit wieder in die böse Welt und ihren Kampf zurückbringen möchte.

In Anbetracht dieser Dinge werden sich die christlichen Kirchen überlegen müssen, ob sie die Sehnsucht nach Frieden und Sicherheit, die der christliche Glauben auch kennt und in Christus erfüllt sieht, weiterhin hintanstellen und allein (das absolut notwendige) sozialpolitische Engagement in den Vordergrund ihrer Jugendarbeit stellen dürfen.

Wie weit das Leben als Premie von der Realität entfernen kann, zeigt ein Brief, den ein Guru-Anhänger (Lehrer an einer Finanz-Hochschule) einer Frau schreibt, die der DLM ihr Haus vermietet hatte und die dadurch in erhebliche finanzielle Schwierigkeiten geriet: „Die meisten Mitglieder haben jedoch ganz erhebliche Schwierigkeiten, sich in der äußeren insbesondere in der Arbeitswelt auch nur halbwegs zurechtzufinden. So sind viele Premies dauerarbeitslos oder Sozialhilfeempfänger. Aber das besagt nichts ... Der Weg mit meinem Meister ist, daß er mir allmählich aufzeigt, wo ich gehalten werde und wie ich fähig werde, diese Sachen dank seiner Gnade aufzugeben. Ich bin so dankbar, daß er mich gefunden hat und ich mich durch ihn führen lassen kann" (18. 10. 1977).

Die „Familie der Liebe" – Family of Love (FoL)

früher: Kinder Gottes / Children of God (ChoG)

Vorbemerkung:

Die „Familie der Liebe / Kinder Gottes" wurde von ihrem Führer „Vater David" in den Untergrund geschickt. Derzeit leben ihre Mitglieder unter Privatadressen, haben jedoch festen Kontakt zur Gesamtorganisation, an die sie auch Geld senden und von der sie die „Vater David"-Briefe (bzw. MO-Briefe) erhalten. In seinem Brief „Going underground" (DFO 750) rät der Führer u. a., daß sich die Mädchen als Prostituierte anmelden könnten, um so der „Sexualmission" der Gruppe nachgehen zu können.

Die eigenartigste und schillerndste unter den neuen Jugendreligionen ist die Gemeinschaft der „Familie der Liebe", bis Mitte 1978 als „Kinder Gottes" bekannt. Bei ihr paart sich ein christliches Äußeres mit Astrologie, Offenbarungen ihres als Prophet verehrten Führers sind durch Märchenbücher wie „Tausend und eine Nacht" oder Geschichten wie „Alice im Wunderland" ausgelöst worden. Die jungen Mitglieder zeugen Babys „für Gott", predigen totale Systemveränderung neben „revolutionärem Sex" und biblischem Fundamentalismus und missionieren unter Einsatz sexueller Hingabe.

Zu Beginn ihrer Missionstätigkeit wurden die damaligen „Kinder Gottes" von den Kirchen teilweise mit offenen Armen empfangen, weil man sie für „Jesus People" hielt. Mit ihrer „Jesus ist besser als Hasch! Komm zu uns und sei geheilt"-Propaganda, mit ihrem einfachen, besitzlosen Leben, ihren fröhlichen Tänzen und Gesängen hatten sie das Herz vieler Älterer, auch von Kirchenführern, aufgeschlossen.

Währenddessen liefen in den USA schon Untersuchungen, die einiges zutage förderten, was den guten Eindruck schnell getrübt hätte.

Sie selber haben es gut verstanden, sich „von Gott Türen öffnen zu lassen". Die „geöffneten Türen" in CVJM-Häusern, evangelischen und katholischen Kirchengemeinden, in Allianz-Gemeinschaften und bei wohlmeinenden Christen wurden von ihnen als Missionsgelegenheit gedeutet und genutzt. Denn der Gründer MO (Abkürzung von „Mose", religiöses Pseudonym des Gruppenführers David Berg) hält nichts von den Kirchen und ihren Mitgliedern. Nur seine Anhänger sind seiner Meinung nach die (einzigen) Kinder Gottes. Kirchenführer sind für ihn beinahe Teufelsfunktionäre, deren sich Gott zwar zugunsten der „Familie" bedienen mag, die aber ansonsten verloren sind.

Die „Kinder Gottes" haben von Anfang an nichts neben sich gekannt. Sie stammen aus dem gleichen Gebiet, ungefähr aus der gleichen Zeit und aus dem gleichen religiösen Umkreis wie die Jesusbewegung: dem kalifornischen Hippie-Land der mittsechziger Jahre. Doch sie sehen in den Gruppen und Verkündern der Jesusbewegung, die teilweise schon vor ihnen da waren, Nachäffer, Betrüger, scheinheilige religiöse Geschäftemacher. Ihnen gilt nur was ihr MO, bzw. Mose David, bzw. David Berg getan und gepredigt hat. Dave Wilkerson, Begründer der Teen-Challange-Bewegung, ist für die „Kinder Gottes" ein „bitterlich eifersüchtiger und rachsüchtiger Nachzügler der Hippiebewegung der Jesus-Revolution".

Für die Kirchen aber findet Gründer MO besonders harte Worte: „Gräber voller toter Menschenknochen." Er sieht sie voller „Begrenztheit, Dunkelheit" und „stechendem Gestank religiöser Verwesung", als „schlimme Schablone der Särge der Toten". Kirchenführer sind für MO „diese selbstgerechten, fundamentalistischen, legalistischen, puritanischen, habgierigen und erbarmungslosen Kirchenoberhäupter von heute, die Jesus dann schließlich kreuzigten und die uns am liebsten auch kreuzigen würden", oder aber die „modernistischen, liberalen, ungläubigen, humanistischen Anbeter des Menschen, des Reichtums und der höheren Bildung".

Seine Gefolgsleute sind: „diese armen, niedergetrampelten, ausgebeuteten, hintergangenen, mißbrauchten und verfolgten Klassen der von Armut geschlagenen Masse, aus denen die Kirche Handelsware gemacht hat." („Überleben, die wahre Geschichte von MOSE und den KINDERN GOTTES", S. 29/30)

Der Vater der „Kinder Gottes"

Der Gründer der „Kinder Gottes" kommt aus einer religiös sehr bewegten Familie. Sein aus Schweden stammender Vater Hjalmar Berg war Prediger bei einer „Christian Church", mußte aber wegen Visionen seiner Ehefrau Virginia, geb. Brandt, das Predigeramt verlassen. Das Ehepaar ging in den „vollzeitigen Evangelisationsdienst“, d. h. sie gründeten eine Art Evangelisationsteam. Der Name dieser kleinen Sekte lautete „Church of the Open Door — Central Alliance Church“ (Kirche der offenen Tür — Zentrale Allianzkirche).

Die Mutter nannte sich von da ab Virginia Brandt-Berg und gilt auch heute noch bei den „Kindern Gottes“ als Prophetin und Visionärin. MO wurde am 18. 2. 1919 geboren. Auch um seine Geburt gab es sogleich Prophezeiungen. In seinem Lebenslauf teilt er mit:

> „Viele Propheten Gottes prophezeiten über mich, daß ich vom Mutterleib an mit dem Heiligen Geist erfüllt sei, wie Johannes der Täufer. Es war vorausgesagt worden, daß ich viele große Dinge tun würde. . . . Davon abgesehen, gaben meine Jugendjahre wenig Hinweis auf eine künftige Größe“ (Überleben, S. 10).

Bescheidenheit ist MOs Stärke nie gewesen. Er war von seinen Eltern David genannt worden. David Berg wurde Prediger, wie sein Vater gewesen war. Er eckte jedoch mit seiner Verkündigung in den kleinen Gemeinschaften häufig an. Hier mag sein Haß auf die Kirchen entstanden sein.

> „Obwohl ich das Kirchengebäude mit meinen eigenen Händen erbaut hatte und den größten Teil des Geldes für seine Materialien und unsern eigenen Unterhalt von Freunden draußen beschaffte, kontrollierte die Kirchenhierarchie das Eigentumsrecht. Auch einige wohlhabende Feinde, denen meine Predigten und meine Weisungen, das schöne Backsteingebäude zu verputzen, nicht gefiel, kontrollierten den Ausschuß und hatten mich sehr schnell mitsamt meiner kleinen Familie aus einer werdenden Mutter und drei Kindern auf die Straße gesetzt, ohne einen Pfennig, ohne Arbeit, ohne Heim!
>
> Zu dieser Zeit war ich schon überzeugt von der Untauglichkeit und Unschriftmäßigkeit des Kirchensystems und seiner korrupten Politik, die ich als junger Pastor erlebt hatte, zusammen mit der überwältigenden Heuchelei seiner Führer und Anhänger“ (Überleben, S. 12).

Wie seine Mutter steigt David Berg in die eigene Evangelisationsarbeit.

Wenn es stimmt, was David Berg über die Zeit um 1965 schreibt, dann ist ihm wirklich ein paar Mal übel mitgespielt worden. So habe der Evangelist, auf dessen Farm David Berg mit den ersten bekehrten Hippies gesiedelt habe, sie um eingehende Spenden betrogen.

Kräftig mit Visionen unterstützt wurde David von seiner Mutter Virginia Brandt-Berg. Schon 1952 erhielt er eine „Berufung Hesekiels", 1962 eine „Botschaft von Jeremia", 1965 eine Weltende-Warnungs-Prophezeiung und schließlich 1970 eine letzte Weltende-Enthüllung. Letztere schon in eigener Regie, denn „Grandma" Virginia war 1968 verstorben.

Überall, wo David Berg mit seiner kleinen Jüngerschar auftauchte, kam es zu Konflikten. Er scheint sie regelrecht gesucht zu haben. Die Gruppe nimmt den Namen der „Kinder Gottes" an, es herrscht absolute Besitzlosigkeit, absoluter Gehorsam gegenüber den Anführern, man trennt sich völlig von der Familie, dem Beruf, dem ganzen bisherigen Leben. Unter dem zusammenhaltenden Druck der Gruppe kommt es zur Heilung von Rauschgiftsüchtigen, was enorme Publicity mit sich bringt.

5000 Kilometer zieht die Gruppe durch Nordamerika, von Camp zu Camp, bis schließlich in der Nähe von Montreal eine eigene Glaubensgemeinschaft gegründet wird:

> „In den Laurentide Bergen bei Laurentide in der Nähe von Montreal. Hier hatten wir unsere erste offizielle Versammlung und wurden eine erkennbar organisierte, religiöse Gemeinschaft. Wir ordinierten ungefähr 50 Bischöfe, Älteste, Diakone und Diakonissen. . . . Das war im Herbst 1969" (Überleben, S. 21).

Bald aber zieht sich David Berg, der sich nun Mose David oder MO nennt, vollkommen aus der Öffentlichkeit zurück. Niemand weiß, wo er lebt. Vermutlich fürchtet er sich vor den Eltern der von ihm bekehrten Kinder.

> „Ich habe in den letzten paar Jahren meiner Gesundheit und Sicherheit wegen in völliger Zurückgezogenheit gelebt, um so mein Leben vor allen unnötigen Aufregungen zu bewahren, die einen gefährlichen Herzanfall herbeiführen könnten. . . . Die einzige Verbindung während meines selbstgewählten Exils ist die Post, oder manchmal ein Kurier, und das selbst durch ein so kompliziertes Nachsendesystem, daß selbst meine eigenen Kinder meistens nicht wissen, wo ich bin" (Überleben, S. 33/34).

Über die Eltern seiner jungen Anhänger findet Berg wenige gute Worte. Er spricht von ihrer „kostspieligen, sinnlosen, lächerlichen Narrheit", wenn sie ihre Kinder zurückhaben wollen. Nennt sie „wahnsinnige Unholde".

„Wundert es Euch also, daß ich . . . lieber unbekannt, anonym und in größter Abgeschiedenheit bleibe, wenn so verrückte Leute wie die eben beschriebenen (die Eltern) mit Schußwaffen in der Hand herumlaufen und tatsächlich drohen, mich zu töten . . . weil sie so wahnsinnig eifersüchtig auf ihre Kinder sind, die ein vollkommen legales Recht haben, in unseren Kolonien zu sein?" (Überleben, S. 33).

Daß MO immer wieder von Wahnsinn redet, scheint Gründe zu haben. Er scheint sich viel mit geistiger Abnormität zu beschäftigen. Von manchen wird er selber für psychisch erkrankt gehalten.

Als gegen Ostern 1973 sein Sohn auf dem Genfer Mont Saleve „beim Beten verunglückt" (es gibt Gerüchte über Selbstmord), erschien MO nicht zur Beerdigung seines Ältesten, der wie seine drei Geschwister einer der wichtigsten Apostel der neuen Bewegung gewesen war. Berg hat inzwischen zum zweitenmal eine ca. 40 Jahre jüngere Frau („Maria") geheiratet. 1977 wird er von Journalisten in Teneriffa aufgespürt, wo er ein Playboy-Leben zu führen schien. Kurz darauf taucht er wieder unter.

MOs Lehren

MO verlangt von seinen Jüngern radikale Abkehr von ihrer bisherigen Lebensweise und Umwelt. Er verlangt auch radikale Abkehr von den bisherigen Religionsgemeinschaften. Und er verlangt als allererstes Gehorsam.
Gehorchen, „wie ein kleines Baby seiner Mutter gehorcht", heißt die Anweisung.

„Es ist wichtiger, deinen geistigen Eltern, Ältesten und Leitern zu gehorchen und zu folgen, als deinen leiblichen Eltern, Ältesten und Leitern" (Revolution für Jesus, S. 46).

Selbst wenn diese „geistigen Eltern" Unrechtes befehlen, rät MO, ihnen zu folgen.

„Gehorche deinen Eltern (im HERRN) IN ALLEN DINGEN! Eph. 6 : 1 & Kol. 3 : 20; Wenn sie im ‚Unrecht' sind, wird Gott deinen Glauben in Hebr. 13 : 17 belohnen müssen. Du bist besser dran, einem von Gottes Leitern zu folgen, der einen ‚Fehler' gemacht hat, als auf eigene Weisheit zu vertrauen (Spr. 3 : 5 23 : 4), das ist auf Menschen vertrauen (dich selbst), was einen Fluch mit sich bringt (Jer. 17 : 5)" (Revolution, S. 48).

Immer wieder ist den Anhängern MOs vorgeworfen worden, sie würden auf Geheiß ihrer Anführer sogar Verbrechen begehen.

In der Tat ist es zu solchen Verbrechenshandlungen gekommen. Vielleicht wird man MO die Schuld nicht anlasten können, sondern feststellen müssen, daß Aussteigergruppen mit einer solchen absoluten Gehorsamsgläubigkeit auch leicht von skrupellosen Elementen mißbraucht werden können.

Es könnte natürlich auch sein, daß bei dieser Art von Glauben an die eigene Gruppe das Schuldbewußtsein bei Taten gegen Außenstehende, oder gar Gegner, nicht mehr vorhanden ist.

In einem Report über die „Children of God“ in der „Ökumenischen Rundschau“ (3/1972) wurde regelrecht von einer „Kriminalisierung des Jesusglaubens“ gesprochen.

> „Sie (die Führer) sagten uns, Jesus habe ihnen gesagt, was sie befehlen, müssen wir tun. Wenn sie uns sagen, sprengt eine Bank in die Luft, dann müssen wir's tun, weil Gott durch sie spricht.“

Weil den Kindern Gottes vorgeworfen wurde, sie hätten gelehrt, „daß es in Ordnung sei, zu lügen, zu betrügen, zu stehlen und vielleicht sogar Gewalttaten zu begehen, alles im Namen Jesu, solange es gut für die Sache ist“, sagt MO in dem Brief Nr. 193 vom Januar 1973:

> „Ich bin total gegen die gefährliche, irrige und falsche Lehre, die von einigen unserer Leiter an der Westküste zu stammen scheint und die immer noch von einigen wenigen Unverbesserlichen verbreitet wird. ... Die Leiter, die an dieser Lehre festhalten, sollen verwiesen und ermahnt werden, sich öffentlich entschuldigen und Reue zeigen, oder auf Bewährung degradiert werden, unter der Bedingung, daß man sie nie wieder solch eine schreckliche Lehre aussprechen hört, oder sie werden exkommuniziert werden . . .“ (Neue Nation Neuigkeiten, 25. 2. 1973 — Essener Ausgabe).

Nach MOs Lehren leben wir in der allerletzten Endzeit. Er schlägt als Flucht- und Rettungsort Europa vor. Gegen die USA und Israel hegt er einen abgrundtiefen Haß.

Letzte Hilfe vor dem Untergang ist die Revolution der MO-Jünger. Sie sind die rettende Arche. Sie haben sich radikal von der dem Untergang geweihten Welt abgesetzt. Durch „neue Namen“ bezeugen die Neulinge ihre Abkehr von der Welt und ihren Eintritt in die Familie der Kinder Gottes. Namen wie „Ephraim Gebirge“, „Sara Sunshine“ oder „Perle Tor“ werden den Neulingen von der Gruppe bzw. deren Leiter gegeben. Früher waren die Gruppennamen nur der Bibel entnommen.

Völlige Ergebenheit gegenüber der Gruppe wird als Ergebenheit gegenüber Gott gewertet. Einer der Songs der Kinder Gottes lautet:

„Du mußt ein Baby sein, du mußt ein Baby sein, um in den Himmel zu kommen."

Die Bibel wird einerseits streng buchstabengläubig benutzt und ganze Bücher lang wortwörtlich auswendig gelernt. Daneben aber treten Offenbarungen und Prophezeiungen von MO, die sich entweder an der Bibel oder auch an Märchenbüchern wie „Aladins Wunderlampe" entzünden können. Anhand dieses Märchenbuches bekam er eine Offenbarung über Ghaddafi als Herrn der Welt.

Die Lehren werden durch sogenannte MO- oder Hirten-Briefe vermittelt. Außer den für die Öffentlichkeit bestimmten (GP = General Public) gibt es solche für Anhänger und nahe Freunde (DFO = Disciples Friends Only), „nur für Mitglieder", (DO = Disciples Only), für Leiter und Unterführer (LTO = Leaders and Trainers Only) und LO-Briefe (Leaders Only).

In den Briefen finden sich oft sexuelle Themen („Hügelige Maid", „Komm her Ma! Verbrenn deinen BH!"), in dem „Members only"-Brief „Revolutionary Love-Making" werden Sex-Ratschläge bis hin zu einer Entjungferungsanleitung gegeben. In dem Brief „Die Kristallpyramide" vergleicht MO die Beziehung zwischen ihm und seinen Kindern Gottes mit einem Geschlechtsakt („Gerade der Widerstand des Körpers der Frau gegen den des Mannes dient nur dazu, seine Erregung zu beschleunigen . . .") und verliert sich schließlich in schockierende Kindlichkeiten:

„Warum zeigt Gott uns solche kleinen kindlichen Bilder? Weil wir seine Kinder sind und weil wir Bilder lieben! Unseren Kindern gefällt es, mit MO in Gottes Kino zu gehen! Amen? — Samstagabend in Gottes Kino mit MO! — Ha!" (MO-Brief Nr. 214, Die Kristallpyramide).

MOs Einstellung zum Christentum schwankt von totaler Verständnislosigkeit bis hin zu fanatischer Ablehnung.

Die kirchliche Kindertaufe gilt als wirkungslos. Eine feste Taufpraxis gibt es bei den Kindern Gottes allerdings nicht mehr. Anstelle der öffentlich vorgenommenen Wassertaufe gibt es heute eine „Geistestaufe durch Handauflegen" ohne Wasser.

Das Abendmahl wird in ziemlich freier Form „zum Gedächtnis an Jesus" gefeiert. Es wird ein Abendmahlskapitel aus der Bibel vorgelesen, Brot und Wein werden gesegnet und gegessen und getrunken. Hin und wieder wird ein Gebet gesprochen.

Aktivitäten

Auch in der „Familie der Liebe“ ist das Leben von ständigem Dienst geprägt. Sie gehen auf Straßen und Plätze und zu kirchlichen Großveranstaltungen, um mit ihren wirklich netten und melodischen Liedern und ihrer Fröhlichkeit zu werben.

Auf den Straßen der Großstädte werden MO-Briefe gegen Spenden verteilt. Diese Verteilung wird „lit-nessen“ genannt. Das erhaltene Geld kommt in die gemeinsame Kasse und wird, soweit es nicht durch die äußerst geringen Lebenshaltungskosten verbraucht wird, an die Zentrale weitergegeben. Die Kinder Gottes erhalten sehr viele Spenden. Häufig von frommen Christen, die in ihnen eine christliche Erweckungsbewegung sehen.

Um ihren Hals tragen sie als Zeichen der Demut ein selbstgefertigtes kleines Joch. Es wurde zum Symbol der Gemeinschaft. Jeder lernt täglich eine bestimmte Anzahl von Bibelversen auswendig. Kleine Merkkarten gibt es vorgedruckt. Bei den sehr strengen Schulungen werden auch Anweisungen zum Bau eines Karteikastens für die Merkzettelchen gegeben. Persönlichen Besitz haben die Kinder Gottes nur insoweit, als sie ihn auf dem Leib tragen oder zum Missionsdienst benötigen. Ein Umhängebeutel (für die MO-Briefe) gehört dazu. Ständig sind sie auf Wanderschaft. Niemand bleibt für lange Zeit in der gleichen Kolonie. Sie werden von sogenannten „Hirten“ oder „göttlichen Ratgebern“ geleitet. Auch deren Adressen wechseln häufig. Die Gliederung war bis Februar 1978: Premierministerien, Ministerium, Erzbistum, Bistum, Region, Distrikt, Kolonie. Die jeweils obere Stelle ist für die untere absolute Autorität. An der Spitze der Gemeinschaft steht der „König“ und Prophet MO.

Mit dem DO-Brief Nr. 650 „Re-Organisation, Nationalisation, Revolution“ (Januar 1978) veränderte MO die Struktur seiner Bewegung. Die gesamte „Hirten“-Hierarchie wurde abgesetzt. Fortab sollte es nur noch den „Colony Servant“ geben und dessen Begleiterin sollte den Titel einer „Magd“ tragen. Zwischen MO und den neuen „Dienern“ sollte es in jeder Nation ein „Service Center“ unter der Leitung eines „Service Center Servant“ geben. MO nennt diese neue Struktur, die er angeblich zur Entlastung der armen „Litnesser“ eingeführt hat, selber eine „direkte Diktatur“.

Obwohl er den Titel eines „Colony Servant“ in diesem DO-Brief vorschlägt, gibt er im gleichen Brief Anweisung, die „Kolonien“ in „Heime“ umzunennen und schließlich die ganze Gruppe in „Familie der Liebe". Das Copyright für den Brief lautet jedoch weiterhin auf die „Children of God".

Man wird in diesem Schachzug sowohl den Versuch sehen müssen, der mit dem Namen der „Kinder Gottes" verbundenen Kritik zu entgehen, als auch eine Gegenwehr des Gründers gegen die zu stark gewordene Funktionärshierarchie.

Es werden unter den Anhängern Ehen geschlossen, mit dem Ziel, viele Babys zu zeugen. In der Zeitung der Kinder Gottes „New Nations News" (Neue Nation Nachrichten) ist Anfang 1975 beispielsweise als Erfolgsbericht gemeldet:

„Weltweite Resultate
für diese Woche (27. 2. 75)
Bezeugt zu: 41.704.737
Literatur verteilt: 1.453.671
Entscheidungen: 3.996
Taufen d. d. Hl. Geist: 2.228
Neue Jünger: 14
Trauungen: 3
Geburten: 6

Weltweite Resultate
seit dem 1. Oktober 1971
Bezeugt zu: 3.153.617.691
Literatur verteilt: 175.528.292
Entscheidungen: 272.693
Taufen d. d. Hl. Geist: 179.605
Neue Jünger: 5.698
Trauungen: 300
Geburten: 144

New Nations News Vol. 5, No. 9"

Im September 1974 legte der Generalstaatsanwalt von New York einen „Report of the Activities of the Children of God" vor, in dem vor allem das Finanzgebaren der Sekte und die Betätigungen des Leiters MO kritisch unter die Lupe genommen werden. Auch jene christlichen Gemeinden, die sich zuerst den Kindern Gottes geöffnet hatten, haben sich in der Folgezeit stärker von dieser Gruppe distanziert. Dazu mag auch die immer auffälligere Sexualisierung der Gruppe beitragen.

Der Gruppe wurde schon sehr frühzeitig von ihrem Führer ein recht ungewöhnlicher Weg vorgeschrieben: in einem sogenannten „Flirty Fishing" (auch „FFing" genannt) sollten die Anhänger Neue „hineinlieben" und dazu auch ihren Körper als Missionsmittel einsetzen. Der Berliner Leiter der „Familie der Liebe" weist im Januar 1979 Vorwürfe zurück, daß das „Flirty Fishing" als Prostitution bezeichnet werden könne: „Es handelt sich dabei eher um eine Sexualmission. ... Geld ist niemals die Motivation bei einer solchen Beziehung."

In dem MO-Brief „The Law of Love" (DO 302 C v. 2. 3. 74) wird auf dem Titelbild neben dem gekreuzigten Jesus ein nacktes Mädchen auf einer Couch, mit einem Nagel in ihrer Scham, gezeigt und

die Frage gestellt: „Can a Couch be Your Cross? Are You Willing to be Nailed?"
In besonderen Briefen beschreibt der offensichtlich ungewöhnlich geartete MO die „Abenteuer" seiner Liebes-Missionarin, darunter auch seiner jungen zweiten Frau.
In dem Brief „Eine Frau" (DO 249 v. 28. 10. 72) propagiert MO die Auflösung der Ehe und der Familie. Treue wird als „Parteilichkeit" angeprangert, die „an den Grundfesten kommunalen Lebens" rühre. In diesem Brief gibt MO auch einen Kernsatz seines Verhaltens zu erkennen: „Was immer für Gott und Seine Familie am besten ist, ist richtig"!, „Seine Familie" ist jedoch die „Familie der Liebe", in der MO allein Autorität hat.

Beurteilung aus christlicher Sicht

Bei der „Familie der Liebe" handelt es sich um eine eigenständige neue Jugendreligion. Ihre Quelle ist zwar der christliche Bereich, jedoch ist die Gemeinschaft am äußersten Rande der Weltchristenheit einzuordnen. Der Trend vom christlichen Glauben und den christlichen Grundlagen weg zu einer MO-Religion wird immer stärker.
Junge Leute, die sich dieser Bewegung anschließen, entfernen sich von Christus und vom christlichen Glauben. Von ihren Kirchen haben sie sich auch dann getrennt, wenn sie keinen formellen Kirchenaustritt vollzogen haben.
Bei MO handelt es sich um einen religiösen Einzelgänger, der vermutlich eigene seelische Schwierigkeiten auf seine Anhänger bzw. Untergebenen ablädt.
Die in der Presse hin und wieder berichteten Rauschgiftheilungen sind sehr selten. Meistens rekrutieren sich die neuen Anhänger nämlich aus christlichen Kreisen, wie dem CVJM oder der Gemeindejugend. Es ist durchaus fraglich, was geschieht, wenn ein ehemaliger „Ausgeflippter" die bergende Gruppe verläßt und wieder auf sich allein gestellt ist.
In einem seiner nicht für die Öffentlichkeit bestimmten Briefe sagt MO: „DIE KINDER MÜSSEN VON DIESER IDEE ABKOMMEN, DASS WIR WIE DIE DROGEN-REHABILITATIONS-ZENTREN SIND, von denen wir in unserer Literatur und unseren PR-Broschüren geredet haben, weil wir es nicht sind!" („WEN ZU" Nr. 334 A DFO v. 22. 4. 75)
Muß von Unterstützung der Bewegung abgeraten werden, so muß jedoch auch gesagt werden, daß sich die Gemeinden um die zu der

Gruppe gegangenen jungen Leute im besonderen Maße kümmern müssen.
Die in der Gruppe geschlossenen Ehen, meist Frühehen, können durchaus auch später halten, wenn auch diese Praxis einige Gefahren birgt. Belastend wird sich auf jeden Fall der radikale Abbruch der Berufsausbildung auswirken. Dies um so mehr, als sehr häufig die wichtigsten Lebensjahre zwischen dem 18. und dem 24. Lebensjahr betroffen sind. Eintritt in die Gemeinschaft der Kinder Gottes bedeutet also in vielen Fällen eine soziale Zurücksetzung bezüglich der Zeit „danach".
Sollte sich eine Gruppe der „Familie der Liebe" im Bereich einer Kirchengemeinde niederlassen, sollte der Geistliche oder andere Verantwortliche sich um die jungen Leute kümmern und versuchen, ihnen aus dieser Gruppe herauszuhelfen bzw. einen Kontakt zu den Eltern herzustellen, die oft nicht wissen, wo ihre Kinder sind.

In der Münchener Reihe ist über die „Familie der Liebe" ein besonderes Heft von R. Hauth, „Die Kinder Gottes", erschienen.

Ein Hinweis auf andere Gruppen

Die in diesem Heft vorgestellten Gruppierungen sind nicht die einzigen, die als „neue Jugendreligionen" klassifiziert und bezeichnet werden können.
Inzwischen zeigen sich in der Bewegung des Maharishi Mahesh Yogi ähnliche Züge. MMYogi sah am 12. 1. 1975 auf dem Vierwaldstätter See

> „durch das Fenster der Wissenschaft die kommende Morgendämmerung des Zeitalters der Erleuchtung und weihte sie für die ganze Welt ein".

Schon 1958 hatte MMYogi eine religiöse Organisation, die „Spiritual Regeneration Movement", gegründet, die die Technik der „Transzendentalen Meditation" verbreiten sollte. Aus diesen Anfängen ist eine regelrechte Weltsteuerungsbewegung entstanden. Junge Gläubige setzen ihr ganzes Leben zur Verbreitung jener religiösen Ideologie ein. Der Gründer genießt als „Seine Heiligkeit", als Bringer dieses Rezeptes, höchste Verehrung.
In immer stärkerem Maße binden sich Jugendliche ganz an diese Bewegung mit allen Begleiterscheinungen, die sich sonst auch bei den neuen Jugendreligionen zeigen: Ausbildungsabbruch, Geringerwerden bis Aufgabe des Familienkontaktes, Volleinsatz für den

großen Plan, starker Einsatz von Geldmitteln für das Weiterkommen auf dem Weltplan-Heilsweg.
Im April 1978 versuchte die TM beim Landgericht Kassel die Bezeichnung der TM als Jugendreligion gerichtlich untersagen zu lassen. „Die Gleichsetzung der vom Antragsteller vertretenen Transzendentalen Meditation mit den ‚Neuen Jugendreligionen' ... stellt für den Antragsteller und alle Anhänger der TM das schlimmste und beleidigendste dar, was ihnen geschehen kann" (LG Kassel 4 O 118/78). Der TM-Antrag wurde zurückgewiesen.
Durch Selbstverbrennungen junger Anhänger trat auch eine weitere Gruppe immer stärker ins Rampenlicht. Die 1955 von Shrii Shrii Anandamurtiji (Prabhata Ranjana Sarkar) gegründete „sozio-spirituelle" Ananda-Marga-Bewegung. Ananda Marga bedeutet „Pfad der Glückseligkeit". Der im Mai 1921 geborene P. R. Sarkar will mit Hilfe einer Tantra-Meditation besonderer Prägung die Welt zum „Moralismus" führen. Die Anhänger (Margiis) werden von Lehrern (Acharyas) in die Techniken eingewiesen, erhalten bei dieser Einweisung ein geheimes Mantra (Meditationssilbe bzw. -silben) sowie in acht Stufen die dazugehörigen Übungsanweisungen.
Der als Inkarnation Gottes und „Baba" verehrte Führer ist absoluter Herr über seine Anhänger. Am 8. 2. 78 verbrannten sich zwei junge deutsche Margiis vor der Berliner Gedächtniskirche. Im gleichen Jahr kam es zu weiteren Selbstverbrennungen. Damit sollte einerseits der damals inhaftierte Sarkar befreit, zum anderen ein „Zeichen" für die Erneuerung der Welt gesetzt werden.
Das Leben der Anhänger ist durch die sogenannten „16 Punkte" geregelt, die sowohl Lebens-, als Verhaltens-, als auch religiöse Anweisungen geben.

Warum gerade junge Leute?

Daß in unserem Kulturkreis gerade junge Leute zu diesen Gemeinschaften gehen, kann zum ersten an der größeren Beweglichkeit des Jugendlichen liegen. Wo Ältere meist „aufgegeben" haben, Menschen in den sogenannten besten Jahren fast immer durch ihre Verantwortung für andere in einem bestimmten Gleise gehalten werden, hat der Jugendliche noch die Chance, es „einmal ganz anders machen" zu können. Darüber hinaus zeichnet sich der Jugendliche im allgemeinen durch Tatkraft und die wachsende

Fähigkeit aus, sich ein eigenes Bild vom Leben zu machen. Er sieht was ihm nicht paßt und möchte es ändern.
In der Pubertät löst er sich ziemlich stark von Herkommen (Familie, Elternhaus, sozialem Umfeld) und auch von den damit verbundenen Lebensvorstellungen. Diese Loslösung hat einen guten Sinn. Der Jugendliche gewinnt dadurch an Selbstvertrauen und wird auf die eigenen Beine gestellt. Ja, er wird gerade dadurch letzten Endes befähigt, seine eigenen Vorstellungen zu verwirklichen und sein eigenes Leben zu führen. Es ist ein wichtiger Abschnitt in jedem Menschenleben.
Aufgeschlossen gegenüber Neuem, kritisch gegenüber dem Überkommenen, jedoch noch nicht zur wirklichen Selbstsicherheit gelangt, ist der junge Mensch in diesem Stadium für neue Welt- und Lebensentwürfe besonders empfänglich. Noch nicht alt genug, um einzusehen, daß das Leben eine Kette von Kompromissen zwischen dem Wünschenswerten und dem Möglichen ist, sehnt sich der Jugendliche nach dem Vollkommenen und glaubt an dessen mögliche Verwirklichung. Noch fehlt die Einsicht, daß das Vollkommene immer nur Ziel, kaum jemals Wirklichkeit sein kann. Darum ist man in diesem Alter besonders empfänglich für Absolutheitsangebote und -ansprüche.
Dadurch haben die neuen Jugendreligionen, die alle mit auf ihre Weise vollkommenen Weltentwürfen und Heilswegen werben, bei Jugendlichen einen solchen Erfolg.
Noch eine Besonderheit dieses Alters erleichtert diesen Gruppen den Erfolg. Gerade dabei, zu eigenen Urteilen zu gelangen, schützt sich der junge Mensch gegen jede Kritik an seinen Wertvorstellungen. Er nimmt sie persönlich. Je mehr Widerspruch, desto stärker wird das Eintreten für die angegriffene Meinung (oder auch Gruppe).
Am schärfsten reagiert er gegen die gutgemeinte, aber unselige Bemerkung „Dazu bist Du ja noch viel zu jung! Werde erst mal so alt wie ich“.
Alt wird er — so Gott will — von ganz alleine. „Zu jung“ zu sein, glaubt er nicht (jeder sieht das erst aus der Rückschau, daß er „damals zu jung war“). Er wird nun gerade durch verstärkten Einsatz für seine Überzeugung beweisen wollen, daß es ihm ernst ist und daß er weiß, was er will.
Die Jugendreligionen nutzen diese Situation aus, indem sie etwa so argumentieren: „Die ältere Generation (die Eltern, Politiker, Kirchen usw.) hat es nicht geschafft, die Welt zu verbessern. Sie hat darum kein Recht zur Kritik.“

War Jesus nicht auch radikal?

Von den Vertretern der neuen Jugendreligionen wird manchmal behauptet: „Auch Jesus war so radikal wie wir!"

Eine Bibelstelle wird dann besonders als Beispiel angeführt:

> „So jemand zu mir kommt und hasset nicht seinen Vater, Mutter, Weib, Kind, Brüder, Schwestern, auch dazu sein eigen Leben, der kann nicht mein Jünger sein" (Lukas 14, Vers 26).

In Wirklichkeit hat dieses Jesuswort eine ganz andere Bedeutung als die, das Weglaufen der Kinder von den Eltern oder der Ehepartner zu unterstützen.

Im Gegenteil, der Herr Jesus fordert hier diejenigen zur Besinnung und Überprüfung auf, die sich zur Jüngerschaft entschieden haben. Kurz darauf heißt es nämlich weiter:

> „Wer ist aber unter euch, der einen Turm bauen will, und sitzt nicht zuvor und überschlägt die Kosten, ob er's habe, hinauszuführen?" (Vers 28).

Menschen, die das Kreuz Christi mit allen Folgen und in seiner ganzen Schwere auf sich genommen haben, hat es immer gegeben. Sie sind diesen Weg durch den Heiligen Geist geführt worden. Manchmal auch gegen den Widerstand ihrer Angehörigen. Doch kann nicht jeder für sich in Anspruch nehmen, die Zugehörigkeit zu seiner Gruppe oder Bewegung sei die „Nachfolge Christi". Christus hat diesen Weg nicht zum Prinzip gemacht.

So haben die Mönchsgemeinschaften, die dem Weg „allem abzusagen, was man hat" folgen, vor die Aufnahme immer eine lange Prüfungszeit (das sogenannte Noviziat) gesetzt. In dieser Zeit soll der Betreffende sich selbst, will die Gemeinschaft aber auch ihn prüfen „ob er's habe, hinauszuführen".

Der Radikalismus der neuen Jugendreligionen ist nicht christlicher Art. Er baut auf dem Machtanspruch irgendeines religiösen Führers oder einer religiösen Idee auf. Ganz im Gegensatz zum christlichen Glauben wird der Mensch bei den modernen Jugendreligionen zu einer Art Mittel zum Zwecke (entweder der Verbreitung der neuen Lehre oder der Verehrung, manchmal sogar der Finanzierung des Religionsgründers und seiner Hierarchie). Traten in der christlichen Kirche solche Tendenzen auf, wurden sie immer wieder durch die Gemeinschaft der Gläubigen selbst beendet und reformiert.

Der Apostel Paulus, der den schweren Weg selber bis zum Märtyrertod gegangen ist, hat zum Beispiel die christlichen Ehepartner angewiesen, sich nicht von ihrem nichtchristlichen Gatten scheiden zu lassen oder ihn zu verlassen.

„Denn der ungläubige Mann ist geheiligt durch die Frau, und die ungläubige Frau ist geheiligt durch den gläubigen Mann" (1. Korinther 7, Vers 14).

Er hat nicht, wie manche der radikalen Jugendreligionen aufgefordert, den Ehepartner entweder zu bekehren oder zu verlassen.

Nun wird manchmal auch eingeworfen: „Wir müssen uns radikal von der Welt abwenden, denn in der Bibel steht doch, daß Christen ‚nicht von dieser Welt' sein sollen." Dieses „nicht von dieser Welt" sein bedeutet nicht, sich abwenden, sondern es bedeutet, sich den falschen Spielregeln der Sünde nicht zu unterwerfen. Es bedeutet, sich nicht an dem gottlosen Kampf des einen gegen den anderen zu beteiligen, in dem sich der eine auf Kosten des anderen rücksichtslos durchsetzt.

Es bedeutet nicht, daß man die Welt aufgeben und ihrem Schicksal überlassen soll. Der Christ baut in dieser Welt, die ja Gottes Schöpfung ist, an der Verwirklichung der Gesetze Gottes. Auch Gott lehnt die Sünde ab, liebt aber den gefallenen Menschen (den Sünder) und hat für ihn sogar seinen Sohn geopfert. Die neuen Jugendreligionen mit ihrer Loslösung ihrer Anhänger aus Familie, Beruf und Ausbildung gehen einen nichtchristlichen Weg. Wenn sie sich dabei auf die Bibel berufen, geschieht es zu Unrecht.

Die neuen Jugendreligionen als soziale und religiöse Ausstiegsmöglichkeiten

Seit es Menschen gibt, gibt es Unzufriedene. Ihnen mißfällt die soziale und religiöse Ordnung, in der sie leben sollen. Es kommt zu Konflikten. Die Erzählung von Kain und Abel ist die Beschreibung eines solchen Konfliktes und seiner unguten Lösung.

Eine bessere Möglichkeit haben jene gefunden, die zwar die Gesellschaft verlassen haben, sich jedoch als Eremiten oder Angehörige einer ganzen Aussteigergruppe zurückgezogen, um ihre eigene soziale oder religiöse Ordnung zu finden.

Auch die neuen Jugendreligionen müssen als soziale und religiöse Aussteigergruppen betrachtet werden. Sie sind nur einer von mehreren Versuchen, aus dem System auszubrechen. Drogenwelle und politischer Radikalismus, Rockerbanden und vor Jahren die Hippies und auch die Hinwendung Jugendlicher zu einem neuen

Aberglauben sind andere Ausbruchsversuche aus sozialer und religiös-weltanschaulicher Ordnung.

Aussteigergruppen wirken um so erfolgreicher, je radikaler sie mit den Lebensgewohnheiten und Ideen der sogenannten „etablierten" Ordnung brechen. Sie unterstützen damit das Gefühl, „alles ganz anders machen zu müssen". Gegenüber der vielfach gestörten sozialen Ordnung bieten sie das Bild einer intakten Gemeinschaft, in der sich jeder für jeden einsetzt und alle an einem Strang ziehen. Vor allem den jungen Menschen mit seinem Sinn für Ganzheit und Ungebrochenheit fasziniert dies. Auch Zielvorstellungen, die als der „einzige Weg zur besseren Zukunft", „einziger Ausweg aus dem drohenden Chaos", „einzige Rettung vor dem Orwell'schen 1984" gepriesen werden, werden einer Aussteigergruppe eher geglaubt als einem „etablierten System", d. h. der vorhandenen sozialen und religiösen Ordnung und deren Trägern. Deren Fehler kennt er, denn er ist in diesen Ordnungen aufgewachsen und hat diese Fehler meist am eigenen Leibe erlebt. Die Aussteigergruppe tritt dagegen unbelastet auf. Ihre Fehler sind unbekannt und werden von ihr verständlicherweise auch nicht offen dargelegt.

Weil schon die als Grundordnung erlebte Familie in vielen Fällen Risse und Fehler zeigt, trotzdem aber das Sehnsuchtsmodell Nummer 1 für den Menschen bleibt (als Ort der Sicherheit und Geborgenheit), können Aussteigergruppen besonders gut mit dem Bild der „heilen Familie" werben. Die Aufnahme in diese neue Familie und die Abkehr von der Familienwelt, aus der man kommt, wird durch die Annahme eines neuen Namens bestätigt. Dieser Name wird dem Neuling meist durch die Gruppe verliehen. Er ist das Einstandsgeschenk der Aussteigergruppe für den Neuen.

Ein weiteres Plus haben die neuen Jugendreligionen darin, daß sie den jungen Menschen als Gleichaltrigen ansprechen. Früher war es für die meisten jungen Menschen ein Ziel, so zu werden wie ihre Eltern. Dies ist heute anders geworden. In unserer Welt ist Veränderung zum Gesetz geworden. Die Begriffe „neu, fortschrittlich, jung, schön und gut" sind fast auswechselbar. In der Werbung ist das deutlich zu sehen. Demgegenüber treten „alt, überholt und altmodisch" als zusammengehörige Begriffe auf. Wir dürfen uns nicht wundern, wenn junge Menschen diese Werbeslogans und Titelbildklischees auch auf ihr Weltverständnis übertragen. Warum von Älteren Ratschläge annehmen, wenn doch „alt und überholt" beinahe gleichbedeutend sind? Wie kann man von Älteren eine Lösung für Probleme erwarten, wenn „die Alten die Welt doch nicht mehr verstehen"?

Das sind Extreme. Glücklicherweise treten sie nicht übermäßig häufig auf. Unsere Gesellschaft macht sich aber schon seit einiger Zeit einer Überbewertung des Jugendlichen, der Jugend schuldig. Angefangen damit haben die Diktaturen. Weiterbetrieben wurde diese Jugendwelle von der Verkaufsbranche, seit die Jugendlichen mehr Geld in den Händen haben. Sie lassen es sich — von einer geschickten Werbung beeinflußt — auch leichter aus der Hand nehmen als Ältere.

Unzufriedenheit

Unzufriedenheit ist in einer Konsumgesellschaft an sich schon eine weit verbreitete Eigenschaft. Ursprünglich ist sie der gute und verständliche Antrieb zur Veränderung eines unguten Zustandes. Werden die Bedürfnisse jedoch erfüllt, muß damit die Unzufriedenheit nicht ausgeschaltet sein. Sie kann im Gegenteil sogar anwachsen, wenn sie sich nicht mehr auf ein bestimmtes Ziel richtet, sondern zum unklaren Gefühl wird.

Unzufriedenheit entsteht dort, wo man kein Ziel hat, aber auch dort, wo man seine Umwelt nicht überschauen kann. Aus Unzufriedenheit kann regelrechte Angst werden.

Wir leben heute in einer besonders schwer überschaubaren Welt. Das Konsumangebot ist stark angewachsen. Ständig entstehen neue Berufe, gibt es neue Möglichkeiten. Im Guten wie im Schlechten.

Zu alledem ist unsere Welt eng zusammengewachsen. Ereignisse, die in 10 000 Kilometer Ferne sich abspielen, können morgen unser Leben verändern. Ein Streit zwischen weit entfernten Völkern kann beispielsweise die Ölpreise auf der ganzen Welt und damit die Haushaltsplanung einer völlig unbeteiligten Familie ins Wanken bringen. Es gibt viele Beispiele für diese Verflechtung unseres Planeten. „Wer kennt sich da noch aus?" ist eine häufig gehörte Klage. Mit dem stärkeren Zusammenwachsen der Welt entsteht auch eine immer größere Entscheidungsverdichtung. Gemeint ist damit, daß ein kleiner Kreis von Experten mit Hilfe von Computern immer bessere Informationsmöglichkeiten hat und demzufolge immer mehr Entscheidungen von weitreichender Tragweite fällt. Es bleibt immer weniger Entscheidungsspielraum für den einzelnen.

Auch im kleinen persönlichen Bereich wirkt sich das aus. Familien müssen ihren Urlaub aufgrund von Betriebsplanung nehmen. In den Schulen werden Lernziele und -methoden festgesetzt, die von den Eltern nicht mehr überblickt und manchmal nicht befürwortet werden können. Schließlich zwingt die allgegenwärtige Industriewerbung über das Fernsehen schon den Jüngsten eine Lebensauffassung auf, gegen die elterliches Wollen machtlos ist.

Junge Menschen, die sich diese Welt mit offenen Augen anschauen, können durchaus zu dem gleichen Urteil kommen wie ein 16jähriger Münchner: „Das macht doch alles keinen Spaß mehr. Mir stinkt das, ich hau ab.“ Sprach's und verzichtete ohne schulische Notwendigkeit auf den weiteren Schulbesuch. Sehr zum Ärger der dafür verständnislosen Eltern.

Aussteigergruppen können hier ein Gegenangebot machen: „Komm zu uns, in eine überschaubare Familie. Komm zu uns, hier bekommst Du klare Weisungen.“

Die Kritik des jungen Menschen richtet sich nun aber genauso gegen die herkömmliche Glaubensgemeinschaft wie gegen die herkömmlichen sozialen Ordnungen. Man muß nüchtern sehen, daß der schulische Religionsunterricht oft nicht die Wirkung hat, die sich Eltern, Lehrer und Kirche wünschen. Das Maß an religiösem Wissen, das er vermittelt, ist begrenzt. Für manchen Jugendlichen wäre eine gute religiöse Wissensvermittlung wichtiger als Kenntnisse über soziales Engagement, die auch von anderen Unterrichtsfächern erbracht werden können.

Jeder Mensch in unserer Gesellschaft wächst mit einem gewissen Maß an „innerer Kirchenkritik“ auf. „Schon wieder diese verflixten Kirchensteuern“, „Was macht die Kirche nur mit unserem Geld?“, „Der Pfarrer paßt mir nicht“, „Die Gottesdienste sind zu langweilig“ und ähnliche Äußerungen begegnen uns im Gespräch, in Presse und Rundfunk und schaffen fast das gleiche Klima, das in einer durch Gewöhnung ruinierten Ehe entsteht. In beiden Fällen nagen Mißhelligkeiten am Zusammengehörigkeitsgefühl, ohne daß besondere Glückserlebnisse wieder neuen Zusammenhalt bringen. Die neuen Jugendreligionen laden auch hier zum Ausstieg ein, wenn sie mit jungfräulicher Untadeligkeit („Bei uns gibt es das alles nicht“) auftreten.

Kritik an ihnen von seiten der Kirche wird leicht als „Kampf des neidischen Großen gegen den erfolgreichen Kleinen“ abgetan. Auch dieser Broschüre wird dieses Argument begegnen.

Da die neuen Jugendreligionen sich als „dynamische neue Gruppe" darstellen, andererseits aber auf das Mitgefühl mit dem „unterprivilegierten armen Kleinkreis" zählen können, sind ihre Missionare bei den Jugendlichen in einer stärkeren Position als der Pfarrer („Vertreter einer mächtigen Organisation"), der angeblich sein Gehalt dafür bekommt, daß er diese und keine andere Meinung (in dem Falle Gegenmeinung) äußert. Die neuen Jugendreligionen als soziale und religiöse Aussteigergruppen haben ihre Mitglieder immer fester in der Hand als die allgemeine Gesellschaft ihre Glieder haben könnte. Das gilt übrigens desto mehr, je geringer das Angebot an Autorität in der Gesellschaft wird.

Wie soll man sich als Christ verhalten?

Wenn uns die Missionare der neuen Jugendreligionen auf der Straße begegnen, können wir uns Zeit für ein Gespräch nehmen. Information ist immer gut, gründliche Information. Man soll sich das Für und Wider anhören. Vor allem dann, wenn man selber heranwachsende Kinder hat.
Ein Gespräch mit dem Pfarrer oder Jugendleiter ist wichtig, wenn Jugendliche der Gemeinde mit einer der neuen Jugendreligionen in Kontakt gekommen sind oder wenn eine der Gruppen im Gemeindebereich wirbt. Dann sollte der Verantwortliche (Geistlicher oder Gruppenleiter) sich informieren und Informationen weitergeben. Er sollte die Jugendlichen für die Begegnung mit den neuen Jugendreligionen zurüsten. Wichtig ist: Was werden deren Missionare sagen? Was können wir ihnen antworten?

Wie verhalten wir uns, wenn ...?

Höflichkeit ist das erste Gebot der Begegnung. Hören und Antwort geben das zweite Gebot.
Es ist nicht gut, einen Vertreter der neuen Jugendreligionen in eine Schulklasse oder Jugendgruppe einzuladen. Zuerst einmal müßte man dazu die Gruppe des Betreffenden und deren Lehren haargenau kennen. Zum anderen aber gerät man in den Nachteil, in dem man sich als Gastgeber nun einmal befindet. Man kann aus Gründen der Gastgeberrolle nicht dort scharf auftreten, wo es nötig wäre. Tut man es doch, werden die Sympathien der Jugendlichen auf der Seite des angeblich Schwächeren sein. Gut sind Informationen im Gemeinderundbrief und auch einmal Hinweise in der Predigt.

Die Autorität des Evangeliums und christliche Lehre bieten einen besseren Widerstand als jedes andere Engagement (das sowieso als Tropfen auf den heißen Stein empfunden würde).
Ein als wirkliches Fest gefeierter Gottesdienst hat eine stärkere seelische Bindekraft als eine eher auf rationaler Ebene vorgetragene geistige Auseinandersetzung. Nicht daß diese fehlen dürfte. Nur leiden wir derzeit unter einer zu starken Überschätzung des Rationalen und zu starken Vernachlässigung des Gemütes und der seelischen Befestigung. Auch in der Kirche. Manche Jugendlichen sind gerade dadurch auf den Weg getrieben worden, der sie zu den neuen Jugendreligionen geführt hat.

Wenn es aber schon zu spät ist?

Wenn ein junges Mädchen oder ein junger Mann sich einer der neuen Jugendreligionen angeschlossen hat, ist zuerst wichtig, sich über die Gruppe zu informieren. Nicht bei dem Betroffenen. Bei ihm würde dann die falsche Vorstellung erweckt, als wollten sich die Eltern auch überzeugen. Er fühlt sich am Ende um den Missionserfolg betrogen und sieht in seinen Eltern und Geschwistern dann vielleicht noch Verräter.
Gespräche über die neue Religion können geführt werden. Glaubenskämpfe dürfen jedoch zwischen Eltern und Kind, zwischen Geschwistern oder Ehegatten nicht veranstaltet werden. Der von einer solchen Gruppe Bekehrte darf nie im Unklaren darüber gelassen werden, daß man seine religiöse Überzeugung nicht teilt. Es muß ihm aber zu verstehen gegeben werden, daß man ihn als Bruder, Tochter, Sohn, Schwester, Ehegatten usw. liebt und ihm immer die Tür offenhalten wird.
Dabei ist es wichtig, eine eigene religiöse Überzeugung zu haben. Oder sie unter dem Eindruck des Geschehens zu überprüfen, zu verstärken, neu zu gewinnen.
Manche Eltern meinen, es wären alle Probleme gelöst, wenn ihr Kind einmal „da raus" wäre. Das ist falsch.
Das sogenannte „normale Leben", in das sie „gerettet" werden sollen, ist für einen nachdenklichen Menschen gar nicht so normal und selbstverständlich. Es kann zu schwierigen seelischen Konflikten kommen, wenn einem jungen Menschen die eine Überzeugung genommen und nichts dafür gegeben wird. Sie könnten sich hinterher als doppelt Betrogene fühlen: einmal, daß sie sich einer solchen Gruppe angeschlossen und dort Geld, Arbeitskraft und Glauben

eingesetzt hatten und zum anderen, daß sie jetzt wieder ohne seelische Stärkung in die Welt sollen, vor deren Sinnlosigkeit und Ungereimtheiten sie in den Schoß der Glaubensgruppe geflohen waren.

Wenn jemand zurückkehrt, darf es dazu keinen Kommentar außer dem „ich bin froh und dankbar“ geben. Bemerkungen wie „Ich hab ja gleich gesagt, daß das alles Blödsinn war“ und „Hättest Du nur auf mich gehört“ sind töricht und falsch. Sie können übrigens den Erfolg haben, daß der eben Heimgekehrte sich schleunigst wieder abwendet.

Auch die Feststellung „Jeder muß sich mal die Hörner abstoßen“ ist irrig. Es geht beim Eintritt eines jungen Menschen in eine der neuen Jugendreligionen weder in erster noch in zweiter Linie ums große Abenteuer.

In einer ganzen Reihe von Fällen haben junge Menschen durch längere Zugehörigkeit zu einer der Jugendreligionen eine derart schwerwiegende seelische Veränderung erfahren, daß einige Therapeuten spezielle Krankheitsbilder zu sehen meinen. In den USA werden die hier als Jugendreligionen bezeichneten Gruppen überwiegend als „destructive cults“ bezeichnet.

Ein besonderes Problem ist das Geld. Zum offenen Haus, das deroder diejenige finden sollen, gehört auch der offene Kühlschrank und die offene Kleiderkiste. Aber nur soweit, wie im Haus gegessen und zum Anziehen benötigt wird. Es besteht kein Grund, die Gruppe mitzuverpflegen. Bargeld wird in den meisten Fällen in die Kasse der Gemeinschaft wandern. Geben die Eltern ihrem Kind Geld, könnte es sein, daß die Besuche letzten Endes nur noch diesen Grund haben. Das wäre für alle Beteiligten schade. Es darf nicht verschwiegen werden, daß in besonderen Fällen Testamentsvorsorge getroffen werden muß, da die Gruppen im Erbfalle anstelle ihres Mitgliedes den Nutzen haben würden. Wer dies nicht will, kann sich durch einen Notar beraten lassen.

Der von manchen Eltern erwogene Gedanke, sich lieber ausnutzen zu lassen, um so „wenigstens noch etwas Verbindung zu unserem Kinde“ zu haben, ist verständlich. Er ist aber für die weitere Entwicklung nicht gut. Die seelischen Leiden in einem solchen Verhältnis überwiegen die einer vorläufigen Trennung bei weitem. Die Chancen für eine Überwindung der Trennung sind auch größer als die Möglichkeit, aus der ständigen Geberschaft wieder zu einem guten Verhältnis zu kommen. Für manche der Gruppen ist ein

„Bringer“ auch besonders interessant, so daß sie gerade in einem solchen Falle am wenigsten lockerlassen.
Wenn jemand aus einer der Gruppen ausgetreten ist und beim Eintritt dort seinen ganzen Besitz abgegeben hat, ist es ratsam, eine kurze Bilanz zu machen und eventuell mit Hilfe eines rechtlichen Beraters das Eigentum zurückzufordern. Auch geleistete Zahlungen können in vielen Fällen zurückgefordert werden.
Sollte eine der neuen Jugendreligionen einen Jugendlichen gewinnen, der zur Unterhaltszahlung an Dritte verpflichtet ist, wird es gut sein, die betreffende Gruppe mit Hilfe eines Rechtsanwaltes und nach den gesetzlichen Möglichkeiten haftbar zu machen. Das gleiche gilt bei Versicherungsleistungen usw.
Es geht bei den Auseinandersetzungen mit den neuen Jugendreligionen nicht nur um glaubensmäßige Auseinandersetzung. Immer wird es auch ein Kampf um einen Menschen sein, den Eltern, Ehepartner oder Geschwister führen. Dabei entwickeln diese Gruppen oft ungeheure Energien und setzen in nicht wenigen Fällen Mittel ein, die wir einer Religionsgemeinschaft nie zugetraut hätten. Korrektheit und Beständigkeit sind in diesem Kampf ebenso gute Waffen wie ein fester Glaube und das Gebet für alle jene jungen Menschen, die in eine solche Gruppe eingetreten sind.
Das Prinzip „auch die andere Wange hinhalten“ gilt für den Christen dann, wenn es um ihn selber geht. Wenn er für andere eintritt, gilt das Prinzip der Verantwortlichkeit. Dies sollte man entgegnen, wenn einem beispielsweise vom Leiter einer solchen Gruppe dann sogar noch ein Vorwurf gemacht wird, wenn man um sein Kind, Geschwister, seinen Ehepartner kämpft.
Besonders hilfreich ist es, wenn sich Eltern oder Geschwister oder Ehepartner zusammentun mit solchen, die das gleiche Problem haben. Oft geben „Ehemalige“ und deren Angehörige gerne Rat und Hilfe. Adressen können bei den landeskirchlichen Beauftragten für Sektenfragen, bei den Telefonseelsorgern und bei den am Ende dieser Darstellung angegebenen Stellen erfragt werden.

Ratschläge an Jugendliche

Angesichts des massierten Einsatzes von Missionaren der neuen Jugendreligionen in München, hat der Kreisjugendring München-Stadt im Sommer 1975 ein warnendes Flugblatt herausgebracht, in dem es heißt:

„Wir akzeptieren die Glaubens- und Religionsfreiheit jedes einzelnen, aber wir sind der Meinung, daß die neuen Jugend-‚Religionen' eine Gefahr für Jugendliche darstellen.
Der jeweilige Absolutheitsanspruch und die strenge und isolierte Lebensweise vereinnahmen die Jugendlichen völlig und lassen kaum Möglichkeiten, sich mit Alternativen auseinanderzusetzen.
Einmal Mitglied, so ist es ungeheuer schwer, sich von der Gruppe zu trennen. Hat man der Gemeinschaft erst mal alles geopfert, ist ohne abgeschlossene Ausbildung und gegebenenfalls innerhalb der Gemeinschaft an Partner und Kinder gebunden, so bedarf es großer Anstrengungen, sich unter diesen erschwerten Bedingungen wieder der gesellschaftlichen Realität zu stellen.

Deshalb bitte beachten

An eine Unterschrift unter einen Vertrag sind Sie im Zweifelsfalle immer gebunden. Behalten Sie Ihre persönlichen Papiere immer bei sich. Wenn Sie Paß, Personalausweis usw. Dritten übergeben, sind Sie nicht vor Mißbrauch geschützt. Seien Sie vorsichtig mit der Weitergabe von Informationen über andere Personen und auch über Familienmitglieder, da Sie nicht wissen können, ob Sie mit deren Einverständnis handeln.
Sollten Sie sich dennoch einer der genannten Gruppierungen anschließen:
Vergewissern Sie sich nachdrücklich, ob Sie für einen Unfall oder Krankheitsfall ausreichend versichert sind.
Bedenken Sie, daß Sie Schwierigkeiten bekommen können, wenn Sie in die Gemeinschaft eingebrachtes Geld beim Austritt wieder zurückfordern.
Falls Sie sich von einer Gruppe lösen wollen, sollten Sie sich im Falle von Schwierigkeiten dabei von Anfang an an einen Rechtsanwalt wenden."

Ratschläge für Eltern und Angehörige

1. Schreiben Sie alle Namen, Adressen und Telefonnummern auf, die mit den Aktivitäten Ihres Kindes bzw. Angehörigen in der Sekte zusammenhängen.
2. Halten Sie alle Ereignisse in der zeitlichen Reihenfolge fest.
3. Reagieren Sie auf alle schriftlichen oder mündlichen Kontaktaufnahmen seitens Ihres Kindes oder Angehörigen in aufrichtiger, fester, aber nicht anschuldigender Weise.

4. Äußern Sie Ihren Standpunkt klar. Zeigen Sie, daß er sich gegen die Gruppe, nicht aber gegen Ihr Kind bzw. Ihren Angehörigen richtet. Bewahren Sie dabei die Ruhe. Vermeiden Sie Äußerungen, die als Drohung verstanden werden könnten. Seien Sie aber jederzeit zum Gespräch bereit.

5. Sammeln Sie alle Unterlagen und Informationen über die Gruppe — auch aus Zeitungen, Zeitschriften und anderen Quellen, um über die neuesten Entwicklungen auf dem laufenden zu sein.

6. Schicken Sie Ihrem Kind bzw. Angehörigen kein Geld; dies dürfte fast immer der Gruppe, kaum aber dem Adressaten zugute kommen.

7. Geben Sie keine Original-Dokumente aus der Hand, sondern nur Kopien. Diese können beim Pfarramt beglaubigt werden.

8. Geben Sie keinen eventuellen „professionellen Helfern" irgendwelche Geldbeträge, wenn Sie nicht deren Glaubwürdigkeit und Fähigkeit geprüft haben, Ihnen bei Ihren Problemen sinnvoll und wirkungsvoll zu helfen.

9. Geben Sie nie auf. Denken Sie immer daran, daß Ihr Kind von Ihrer Liebe, Ihrer Erziehung und seiner häuslichen Umgebung geprägt ist. Diese Einflüsse können auf Dauer von keiner Technik ausgelöscht werden.

10. Denken Sie daran, daß Sie nicht allein sind. Das gleiche Problem wie Sie haben viele Eltern. Es betrifft Familien aus allen religiösen, wirtschaftlichen und sozialen Bereichen.

11. Schließen Sie sich einer Elterninitiative an. Sie haben dadurch öffentlichen und staatlichen Stellen, ja auch den Gruppen gegenüber mehr Gewicht. Sie haben dadurch im Ernstfall auch Verbindungen zu ähnlichen Initiativen in der ganzen Welt.

12. Lassen Sie sich nicht von der Gruppe überspielen z. B. durch „kostenlose Einladungen" zu Werbewochenenden und Unterschriftenbegehren.

Das Heft der „Münchener Reihe" „Ratschläge — was können Betroffene und Verantwortliche tun?" gibt weitere Hinweise.

Wohin kann man sich wenden? (Adressen)

Die evangelischen Landeskirchen haben zur Beratung in Sekten- und Weltanschauungsfragen in den meisten Fällen besondere Beauftragte ernannt.

Die evangelischen landeskirchlichen Beauftragten für Sekten- und Weltanschauungsfragen:

Baden — Pfr. K. M. Bender, Mainzer Str. 16,
7500 Karlsruhe 51

Bayern — Pfr. F.-W. Haack, Postfach 500 305,
8000 München 50

Berlin — Pastor Thomas Gandow, Goethestr. 30,
1000 Berlin 12

Hannover — Pastor J. Biallas, Archivstr. 3, 3000 Hannover 1

Hessen und Nassau — Pfr. B. Leinberger, Elisabethstr. 51,
6100 Darmstadt

Oldenburg — Pastor Eberhard Strecker, Kirchweg 1,
2895 Tossens

Pfalz — Pfarrer A. H. Kuby, Evang. Akademie,
Gr. Himmelsgasse 6, 6720 Speyer

Rheinland — Volksmissionarisches Amt Rheinland,
Rochusstr. 44, 4000 Düsseldorf 30

Nordelbische Evang.-Luth. Kirche — Pastor Detlef Bendrath,
Brahmsstraße 20 f, 2400 Lübeck

Westfalen — Pfarrer R. Hauth, Röhrchenstraße 10,
5810 Witten/Ruhr

Württemberg — Pfarrer W. Schmidt, Ev. Oberkirchenrat,
Postfach 92, 7000 Stuttgart 1.

In *Frankfurt* bietet sich die „Arbeitsgemeinschaft Jugendreligionen" beim Evang. Stadtjugendpfarramt, Stalburgstraße 38, an.

Auf katholischer Seite wurde für die *Münchner Diözese* beauftragt: Dipl.-Theologe Hans Löffelmann, Maxburgstr. 5, 8000 München 2.

In *Österreich:* Erzbischöfl. Pastoralamt, A-1010 Wien, Stefansplatz 6/46, Frau Dr. Valentin.

In der *Schweiz* kann man sich an die „Evang. Orientierungsstelle", Pfarrer Dr. Oswald Eggenberger, Auf der Egg 9, CH-80 Zürich, wenden.

Die VELKD hat einen „Arbeitskreis religiöse Gemeinschaften" mit der Beobachtung dieser Gemeinschaften beauftragt. Dieser Arbeitskreis hat das „Handbuch religiöse Gemeinschaften" erstellt, das die einzelnen Gruppierungen darstellt und Ratschläge gibt. Es eignet sich besonders für Pfarrämter und Schulen. Adresse: Luth. Kirchenamt der VELKD, Herrn OKR Dr. Reller, Postfach 51 04 09, 3000 Hannover 51.

Für ratsuchende Angehörige bietet sich als Hilfsstelle besonders die von der EKD installierte „Evang. Zentralstelle für Weltanschauungsfragen", Hölderlinplatz 2 A, 7000 Stuttgart-W., an.

Kontaktadressen:

— Arbeitsgemeinschaft für Religions- und Weltanschauungsfragen, Postfach 1 07, 8000 München 50.
— Elterninitiative zur Hilfe gegen seelische Abhängigkeit und religiösen Extremismus e. V., Postfach 8 74, 8000 München 1.
— für Scientology-Fragen: A. B. I. (Aktion Bildungsinformation, Alte Poststraße 5, 7000 Stuttgart 1.

Als Hilfs- und Beratungsstellen empfehlen sich ferner:

— die Jugendämter der erzbischöflichen und bischöflichen Ordinariate;
— die evangelischen und katholischen Jugendpfarrer;
— die katholische und evangelische Telefonseelsorge;
— die kirchlichen Erziehungs-, Ehe- und Familienberatungsstellen;
— die kommunalen Jugendberatungsstellen.

Die Adressen sind jeweils dem örtlichen Telefonbuch zu entnehmen oder bei einem Pfarramt zu erfragen.

Begleitendes zu diesem Thema bietet der „Evangelische Erwachsenenkatechismus", Gütersloher Verlagshaus, G. Mohn, sowie das im gleichen Verlag erschienene, oben schon genannte „Handbuch religiöse Gemeinschaften".

HINWEIS: Die hier angezeigten Schriften der Münchener Reihe werden bei jeder Auflage auf den neuesten Stand gebracht.

Evangelischer Presseverband für Bayern
Abteilung Kleinschrifttum · Birkerstraße 22 · 8000 München 19